JN436757

양창삼 시집(詩集) ⑬

네 삶이 천상의 무지개로 뜰 수 있다면

(양창삼 시집 [13])

네 삶이 천상의 무지개로 뜰 수 있다면

2021년 7월 25일 초 판 1쇄 인쇄
2021년 7월 30일 초 판 1쇄 발행

지은이 • 양 창 삼
펴낸이 • 조 경 혜

도서출판 그리심
07030 서울시 동작구 사당로2길 72 인정 인정 B동 b-01
등록번호 • 제 7-258호(1998. 4. 23)
출 판 사 • 전화 523-7589 팩스 523-7590
그리심블로그 • http://blog.naver.com/grisimgrisim
• http://smartstore.naver.com/grisimgrisim
전자우편 • grisimcho@hanmail.net

ISBN 978-89-5799-458-0 (03810)

시를 쓴다는 것은
나를 쓰는 것과 같다.
감추었던 나의 내면을 드러내기 때문이다.
나의 글쓰기는 일정치 않다.
그것은 날수와 관계가 없다.
한 시어가 나를 잡아끌기도 하고,
느낌이 나를 포박하여
자꾸만 자백하게 만들기도 한다.
생각이 생각으로 이어지면
조용하다가도 한 순간에
폭포수처럼 떨어지기도 한다.

머리말

시를 쓴다는 것은 나를 쓰는 것과 같다. 감추었던 나의 내면을 드러내기 때문이다. 나의 글쓰기는 일정치 않다. 그것은 날수와 관계가 없다. 한 시어가 나를 잡아끌기도 하고, 느낌이 나를 포박하여 자꾸만 자백하게 만들기도 한다. 생각이 생각으로 이어지면 조용하다가도 한 순간에 폭포수처럼 떨어지기도 한다.

이번에 열세 번째 시집, "네 삶이 천상의 무지개로 뜰 수 있다면"을 내놓는다. 시를 계속 쓰게 되는 것은 시 쓰시기를 좋아하는 탓도 있지만 나로 생각하게 만드는 그 어떤 힘이 작용하기 때문이다. 그것은 보이지 않기에 나무랄 수도 없다. 아니, 오히려 감사해야 할지 모른다. 아직도 살아있음을 시로써 증명할 수 있는 좋은 기회이기 때문이다.

시가 나의 존재를 증명한다는 것은 시를 쓸 때보다 훗날 그 시를 음미하며 읽어볼 때 더 느낀다. 그 때 그런 생각을 했구나하며 맞장구치기도 하고, 숨겨진 나의 내면과 비로소 대화할 수 있어 좋다. 물론 나를 불편하게 만드는 시도 있다. 하지만 그 모두 내 안에서 이미 빛나는 별이 되었으니 어찌 반갑지 않겠는가.

이번에는 과거와는 좀 더 다른 시를 쓰고 싶었다. 굳이 무엇이 다른지는 잘 알지 못한다. 하지만 더 많은 비유와 상상, 초월, 존재에의 갈망, 위를 향한 기도 등이 들어있다. 나는 시로써 절망을 극복하고 더 나은 세계로 나아가는 꿈을 가지고 있다. 시가 희망을 주지 못한다면 쓰는 이나 읽는 이 모두의 마음에 잘못된 균을 뿌리는 것과 같다고 보기 때문이다.

나는 고등학교 때부터 시를 써왔다. 중학교 때까지는 시 읽기를 좋아했고, 고등학교 때부터는 시를 통해 나의 내면을 드러내기 시작했다. 공부하느라, 일하느라 바쁜 시기에는 시를 만나 대화하는 횟수가 줄기도 했지만 시를 버리거나 배반하는 짓은 결코 하지 않았다. 아니, 시가 나를 버리지 않았다고 해야 정확한 표현이 될 것이다.

시집이 나올 때마다 시인 박두진 교수님 생각이 먼저 난다. 부족하고 미숙함에도 불구하고 대학생 때부터 "시업"(詩業)을 곁에서 지켜봐주시고 격려를 아끼지 않으셨다. 지금은 고인이 되셨지만 늘 감사한 마음을 놓지 못한다. 그리고 시의 세계에서 만나 시 씀의 기쁨을 누리게 해준 여러 분들에게도 감사드린다.

이 다음의 시가 어떻게 표현되고 분출될지 나는 모른다. 그러나 삶을 살아내는 과정에서 강한 느낌, 회한, 반성, 그리고 미래를 향한 기대와 간구가 나의 생각과 사고 속에서 끊임없이 소리를 내며 시로 승화될 것이다. 이 시들이 갈한 영혼에 단물이 될 수 있다면 그로서 나는 행복할 것이다. 그 때까지 시의 광맥을 캐는 일은 결코 중단되지 않을 것이다. 하나님께서 힘을 주시는 한.

양 창 삼

차 례

차 례

차 례

네 삶이
천상의 무지개로
뜰 수 있다면

1. 마음 문 열면 들어오게 되어있어

간밤에 하늘은 천둥과 번개를 동반하고 나를 찾아왔지. 놀라게 하려는 게 틀림없어. 갑자기 토라진 걸까. 마음을 떠보려는 걸까.

별 수 있나. 내 마음의 징표를 보이는 수밖에. 아침엔 하늘의 얼굴이 아주 맑고 밝다. 마음을 푼 것이지. 내사 푸르고 넓은 네 얼굴을 늘 기다렸다. 오늘은 너와 함께 갈 것이다.

곁에 선 나무들이 나에게 한 마디씩 한다. 그 목소리에 힘줄이 선 것을 보니 시샘이 잔뜩 묻어있다. 왜 그러니, 너희들. 네 불만을 어떻게 다스릴 수 있을까. 그것이 지금 내가 풀어야 할 답이다.

별 수 있나. 두 팔 벌려 너를 안을 수밖에. 그제야 나무들도 엉킨 마음을 풀고 나를 숲 속으로 인도한다.

그래 우리 모두 함께 가는 거야. 가지가 만 손을 펴고 잎들이 둥실 둥실 춤추기 시작한다. 구름도 하얀 드레스를 입었다. 그러면 그렇지. 마음 문 열면 들어오게 되어있어. 몽땅 빛으로, 바람으로.

2. 자유는 이미 그들의 신이 되었어

오늘은 신비를 껴입은 자유를 참 가까이서 만났다.
그는 사람들 마음속을 바람처럼 오가며
무엇인가를 느끼게 해주는 재주가 있어.
때론 감동까지 안겨주지.
그 뒤론 아무도 그것을 빼앗을 수 없는 존재로 만들어.
놀라운 재주 아니겠나.
심지어 파도마저 그를 향해 손짓하고 이름을 부른다.
밤바다에 별빛이 반짝이는 것도
잃어버린 땅이 주인을 찾는 것도
가슴까지 얼게 하는 폭력을 벗어나고자 하는 것도
얌전한 민주마저 황량한 거리로 불러내는 것도
다 그를 갈급 하는 것 아니겠나.
그들에게서 자유를 빼앗는다면
그 입술에서 노래도 사라지고 얼굴은 굳어질 것이니
애써 앗으려 하지 마라.
오히려 그와 더 만나게 하고 더불어 뛰놀게 해버려.
자유가 그의 자녀들과 함께 옷가지를
하늘 높이 펄럭이면
사람들은 주저하지 않고 소리를 지를 거야.
자유는 이미 그들의 신이 되었어.

3. 끊임없어 보이는 싸움도

좀 더 가까이 오게.
자네 세상을 느끼는 신경은 이미 죽었어.
이번엔 죽은 것들을 제거해야 돼.
열일곱 번, 아니 스무 번이라도.
그 순간 난 이해할 수 없는 도구들을 만났다.
그들이 왜 지금 날 찾아왔을까.
숨어 있는 것들은 드러내고,
가슴을 아프게 하는 것은 도려내고,
더 궁금하면 엑스레이로 깊이 확인한다.

시간이 지나면 전투는 끝나겠지.
그런데 아직도 입은 닫히지 않았다.
자꾸만 명령이 떨어지고 진격은 계속된다.
마지막 싸움이 더 진하다.
그런 과정을 몇 번 더 거쳐야 막을 내릴 것이다.
끊임없어 보이는 싸움도 끝이 난다.
그 땐 언제 그랬냐는 듯
입은 아픈 과거를 미화하고
팔다리는 모든 것을 잊은 듯 흔들어 대겠지.

난 잘 늙어가고 있네.
그래도 이만큼 싸웠으면 역전의 용사 아니겠나.
아직도 총구는 멀쩡하니 손질하고 닦아두겠네.
다음 전투를 위해

4. 네 스타일대로 해봐

그가 내 이름을 부를 때는 절실함이 잉크처럼 묻어난다. 필요를 꽉 채우기에 내가 얼마나 합당한지 나는 모른다. 오직 그의 셈만이 알고 있지. 그래서 계속 부르는 것 아니겠나. 부름에 응답하는 것이 좋을지 잠시 생각해본다. 과연 나는 그가 원하는 답을 줄 수 있을까.

그래서 물었지. 원하는 것이 정말 무엇이냐고. 그는 다리를 놓아주기 바랐어. 내가 그 중간에 있다네. "왜, 그래 갑자기. 너도 말할 수 있잖아. 그렇게 친한 척 하더니." 그런데도 지금 내가 필요하단다. 소통이 잘 되는 줄 알았는데, 그게 아니었단 말이지. 그러고 보니 너 참 비참하다.

죽겠다는 데, 내사 손해 좀 본들 어때. 시간을 원하면 한 줌 떼어주고, 힘들면 쉬엄쉬엄 가고. 그런데도 신경질을 낼 땐 그저 웃지 뭐. 세상에 원하는 대로 되는 것이 어디 있어. 그도 그러면서 배우고 알게 되겠지. 그러니 너무 쓰러질 듯 기대지 말고, 네 스타일대로 해봐.

5. 골목은 자꾸만 궁금해진다

골목 안으로 조금 들어서자 집들이 이웃하며 대화하는 모습이 보인다. 입구는 늘 잠겨있어 오층 넘어 구름 보이는 쪽으로 앉아 그 안에 사는 사람들로부터 엿들은 얘기를 마구 쏟아낸다.

오늘 너의 집 빈방에 사람이 들어왔다는데. 두어 달 비어있었지, 아마. 그래 첫날이라 그런지 덤벙대는 모습이 좀 우스웠지. 며칠 지나면 다른 사람을 닮아 습관처럼 계단을 쿵쾅거리며 우리 몸을 짓밟을 거야. 기다려.

뒤로 몇 미터 떨어진 외진 골목에서 몇 사람이 담배를 피우고 있다. 얘기도 하면서 느리게 시간을 뺀다. 문을 열고 신선한 공기를 맛보려는 삼층 집 사람, 알록달록한 어린이 집 사람들은 연기 때문에 고민이 많다. 그 사람들 건강 생각도 안 하나. 남들 배려도 안 하나. 불만이 그들 목구멍으로 빨려 들어간다.

골목 안은 결코 좁은 세상이 아니다. 몰려오는 바람을 통해 세상을 읽고, 사람들의 생각을 지켜본다. 낮엔 해를 띄워 구석구석 살피고, 밤엔 달을 띄워 순찰을 한다. 오늘은 누가 이 골목에 들어설까. 골목은 자꾸만 궁금해진다.

6. 갑자기 숲속의 향연이 시작된다

새들이 숲 가지에 앉아 쉬고 있다.
오후는 길게 목을 빼며 존다.
사람들이 길목을 따라 이따금 지나간다.
누구하나 관심을 두지 않는다.

새들이 어떤 말을 주고 받는지 알 수 없지만
시간을 여유롭게 메우고 있음은 확실하다.
애써 귀 기울이는 사람도 없다.
하지만 그 목소리를 기억하는 나무들이
가끔씩 끄떡인다.

이리저리 뻗은 길들이 새들을 유혹해보지만
굳이 그 길을 택할 것 같지 않다.
새들은 지금 합창을 준비 중이다.
그래 지금은 너희가 주인공이니
괘념치 말고 크게 노래를 부르렴.

나뭇잎들이 흔들리며 악보로 변한다.
갑자기 숲속의 향연이 시작된다.

7. 흔들릴수록 단단하고 강해지나니

바람이 불 때
흔들리지 않을 가지가 어디 있을까.
그러니 너무 상심하지 말자.
삶은 그런 것이니.

아쉬움일랑 먼지처럼 툭툭 털고 일어나자.
뒤늦은 생각이 자꾸만 고개를 들고 일어서거들랑
혼내지 말고 더 곱게 싸두자.
언젠가 다시 꺼내 보아도 늦지 않으리.

답답하면 숨을 깊이 들이쉬자.
더 젊어질 수 있으리라.
캄캄하면 눈을 더 크게 뜨자.
하늘의 비밀을 볼 수 있으리라.

갈대가 언제 흔들리지 않으려 했는가.
흔들릴수록 단단하고 강해지나니
주저하지 말고 흔들리자.

우리 모두 연약한대로 아름답게 흔들리며
부끄럽지 않게 살기에
오히려 감사한 일 아니겠는가.

8. 빛나는 아침이 더 일찍 오지 않겠느냐

우리가 조금만 더 이해하려 든다면
관심의 등 하나쯤 켜두고 살았겠지.

우리가 조금만 더 사랑하려 든다면
포근한 말 한 마디 더해 대접을 했겠지.

사람들은 오늘도 무엇이 부족한지 거리를 헤맨다.
비가 내리는 데
아무도 그들에게 관심을 두지 않는다.
밤은 어둡고 사람의 마음도 온통 검게 물들었다.

등 하나 더 켠다고
세상이 밝아지겠느냐 말하겠지만
네 작은 등 하나로 인해 넘어지지 않은 사람이 있다면
너는 오늘 사랑의 등불을 켠 거야.

조금만 더 이해하려 든다면
조금만 더 사랑하려 든다면
우리 모두가 바라는
빛나는 아침이 춤을 추며 더 일찍 오지 않겠느냐.

9. 폭군 바람과 여치 장군

여치가 돌 바람에 맞아 다리가 부러지고 몸이 퉁퉁 부어 올랐다. 내가 뭐랬나. 바람 곁에 그저 가는 것이 아니라 했잖아. 날개가 찢어지는 화는 면했으니 천만다행이다. 그것마저 잃었다면 어쩔 뻔 했나. 하지만 넌 여치 세계에서 특출 난 놈이야. 바람에게 감히 도전을 했으니 말이네. 지금까지 그런 일은 없었지.

네가 두 눈을 부릅뜬 이유는 너무 분명해. 너의 기상을 보며 다른 동료들이 일제히 소리를 높이지 않았겠나. 하지만 바람은 눈 하나 깜짝하지 않고 너희들을 몽땅 날려 버렸다. 감히 어디서 목소리를 높이는 게야. 바람은 때로 폭군이 된다.

바람에 맞서려거든 전략을 바꾸게. 보기와는 너무 달라. 설득은 통하지 않지. 그러니 비집고 들어오는 길목에서 그의 목을 단번에 조이게. 숨을 쉬지 못하겠다고 소리칠 때 단호히 말하는 게야. 다시는 너의 행패를 허용하지 않겠노라고. 어쩌겠나. 항복할 수밖에. 그 때 넌 늠름한 장군이 되는 거야. 여치 나라를 바로 세우는.

10. 그 날 하늘 문이 다시 열리는 것 아니겠나

어쩌다가 너는 열린 문을 닫게 되었나. 적막강산이 될 정원이라니. 사람들은 믿지 못하겠다는 듯 담 너머로 힐끗힐끗 쳐다본다. 문지기는 졸리는 눈을 하며 앉아있다.

그래 새 주인이 오기는 하는 거니. 아직도 누가 주인이 될지 모른다니. 그 때 흥정하던 사람들은 다 어디로 갔는데. 아, 집주인이 아직도 결정을 내리지 못했군 그래. 흥정은 그리 쉽게 되는 것이 아니지.

전문성을 뽐내던 정원사들은 다 어디로 갔는가. 기필코 이곳에 하늘 정원을 만들겠다고 소리치던 사람들 아니던가. 물론 가끔 이곳까지 숨어 들어와 험담을 즐기던 개들 때문에 밤잠 이루지 못한 때도 있었지만 다 옛일이 되었네.

그래도 이 변방에서 꽤 이름 있고 부러운 곳이었지. 문을 열면 꽃과 나무들이 미소를 지으며 우리를 맞아주지 않았는가. 향기가 피어오르면 구름도 어찌할 바 몰랐지. 무덤자리가 정원이 되어 영성을 발휘할지 어찌 알았겠는가. 이제 우리의 날들은 지난 얘기로 만리장성이 되고 미래가 창조의 역사를 새롭게 쓰겠지.

이 정원이 영원하길 바라네. 하늘 정원이기를 바라던 우리 마음을 너는 알까. 이곳이 정결함을 다시 입을 때 난 기뻐 뛸 걸세. 그 날 하늘 문이 다시 열리는 것 아니겠나.

11. 내가 지금 너에게 줄 수 있는 것은

오늘 아침 호수가 유난히 출렁인다.
은빛, 금빛 옷자락이 하늘거리며
우리를 홀리고 있다.
그 순간 합리로 무장한 녀석은 멀리 도망을 하고
충만한 감성이 아무 생각 없이 두 팔을 벌린다.
얘야, 정신 줄 놓지 마라.
혼미해지면 지는 거다.

강을 좋아하는 자 강가로 모이고
산을 좋아하는 자 산 아래로 집결하라.
이제 너희가 네 땅을 지켜야 할 차례이니
누가 뭐래도 진지를 빼앗겨서는 안 된다.
사령관의 명령이다.
정신을 차려라.

명령이 준엄하다고 섭섭해 하지 말거라.
적은 잠을 자지 않고 곳곳에 보초를 세워
우리를 지켜보고 있다.
네 마음의 힘줄이 가늘어진다면
단숨에 너를 공격할 것이다.

내가 지금 너에게 줄 수 있는 것은
단 한 가지뿐이다.
생각을 키우고
생명을 강하게 하는 것.
그것이 온 누리에 연결될 때
우리 모두는 살아 움직이게 될 것이다.

혼미해지지 마라. 정신 차려라.
너를 향한 사랑의 배너를 잔뜩 실어 보내리라.
이것이 너에게 힘이 된다면
네가 이길 수만 있다면

12. 나는 향기 가득한 전령사이니

색동옷 입고 큰 나팔 불며 너의 이름을 부른다.
꽃이 베푼 잔치에 모두 넋을 잃는다.
나야, 너를 유인하는 목적이 뚜렷하지.
너 또한 숨겨둔 내 꿀을 훔치려는 것임을
왜 내가 모를 까. 서로 짐짓 모른 채 하는 것뿐이지.

그 걸쭉한 파티가 끝나면 불을 끄고 문을 닫지.
너는 거나하게 취한 채 간신히 그 문을 빠져나간다.

고백컨대 그것은 생사가 걸린 파티였어.
그 만남이 없다면 더 이상 생존할 수 없기에
우리는 해마다 생애를 걸고 꽃을 피운다.

헌데 사람들은 이 비상한 진실을 외면한다.
아름답다 하며 손을 비틀고, 목을 잘라 창가에 세운다.
죽음을 즐기는 잔인함이 하늘을 찌른다.

사람들아, 하시라도 우리의 연약함을 농락하지 마라.
우리는 그저 자연에 속해 무리를 이루며

그 어느 곳이든 마다않고 하늘의 순리를 전하노라.
나는 향기 가득한 전령사이니
이 기쁜 소식을 마른 가슴에 촉촉이 채우시라.

13. 그래 고맙다

부엌 창틀 안쪽 한 구석을 자세히 바라보니
구호 하나가 필기체로 쓰여 있다.
"완벽은 안으로부터."

창문을 만드는 회사의 마음이 담겨있다.
이 정성으로 나의 창을 만들었다는 말이지.
그래 고맙다.
겉만 자르르 하지 말고 안으로 견실해야지.

냉장고를 열려고 보니 쪽지 한 장이 붙어있다.
"안심하세요. 고장이 아닙니다."
냉장고에서 이런저런 일이 일어나도
안심하라는 말이지.
그래 고맙다.
세상사 이런저런 일 있어도 안심해야지.

세탁기도 당부하는 말이 있다.
"세탁물을 과도하게 넣어
세탁통 밖으로 넘치지 않게 하세요.

세탁물 손상의 원인이 됩니다."
그래 고맙다.
내 안에 꾹꾹 집어넣으려는 욕심 덜어내고
깨끗하게 살아야지.

14. 너에게 하고 싶은 말을 적어본다

오십여 일 기나긴 장마는
장미 태풍을 끝으로 막을 내렸다.
동네는 이미 성난 물에 초토화되었다.

마침내 해가 눈을 부릅뜨며 올라왔다.
환영사가 끝나기도 전에
땅은 작열하는 햇볕에 숨을 헐떡인다.
여름은 폭군이 되었다.

갑자기 폭염주의보가 뜬다.
밖으로 나가지 마세요.
바이러스로 포로가 된지 반년이 넘는데
무슨 힘이 남아 뛰쳐나갈 수 있을까.

2020,
우리는 지금 과거와 전혀 다른 삶을 살고 있다.
한 번도 가보지 못한 세상

이제 무슨 말을 하리.
정치는 이미 감각을 잃었고,

둥지는 값어치도 못하면서 무섭게 오른다.
생각조차 서로 달라
소통의 문을 닫아건 지 오래다.

이런 마당에 우리가 할 수 있는 일이 무엇일까.
조용히 앉아 너에게 하고 싶은 말을 적어본다.
잃어버린 날들을 위해 해야 할 말들을 세어본다.
이 여름에.

15. 어떤 기도

주님, 이곳에 주의 몸 된 교회를 순금등대처럼 세워 거룩하게 구별하시고 충성된 종들로 하여금 하늘나라의 풍성함을 맛보게 하시며 오늘도 겸손히 주님 앞에 무릎 꿇게 하시니 감사와 찬양을 올려드립니다.

코로나로 인해 일상을 잃어버린 우리에게 주님은 많은 것을 깨닫게 하십니다. 무엇보다 주님을 더 사모하게 하시고, 예배의 중요함을 절감케 하시며, 순간마다 주님을 찾게 하셨습니다. 주의 말씀이 갈급할 때마다 주의 종들을 통해 선지자의 외침을 듣게 하시고, 말씀으로 일깨워 주시니 감사드립니다.

우리의 연약함과 부족함에도 불구하고 주의 자비는 언제나 높은 둔덕을 넘고, 주의 의는 온 누리에 빛을 발하고 있습니다. 우리는 주님의 더 큰 은혜가 필요합니다.

수십 년 전 동토의 땅에 하나님의 학교를 세우고, 주의 교회를 통해 아름답게 동역하게 하시며, 복음의 씨앗을 뿌리고 가꾸어 그 열매가 열방으로 퍼지게 하시니 감사드립니다. 이제 그 긴 세월을 뒤로 하고 미래를 새롭게 열 제2의 때가 다가오고 있습니다. 그 끝과 새로운 시작이 어떻게 될지 주님만이 아십니다. 언제나 성령님이 주관하시어 계속 주님이 기뻐하시는 학교, 열매 맺는 학교 되게 하옵소서. 이 학교를 통해 오직 주의 영광만 드러나게 하옵소서.

시작부터 지금까지 이 학교의 발전을 위해 눈물로 기도하고 아낌없이 헌신한 주의 교회와 종들을 축복하옵소서. 하나님의 비전을 안고 하나님을 향해 모세처럼 두 손을 높이 든 목자를 축복하고 위로하시며, 영육 간에 강건함은 물론 하늘의 지혜와 총명을 날마다 더하시옵소서. 주님의 나라를 위해 온 세계를 가슴에 품은 이상도 힘 있게 나아가게 하옵소서.

이제 주님이 베푸신 영의 양식을 함께 나누고자 합니다. 우리의 구원자요 공급자이신 주님께서 우리에게 허락하신 "일용할 양식"이요 선물입니다. 시마다 때마다 우리를 기억하시고 영적으로나 물질적으로 필요한 것들을 공급해주시는 주님께 감사드립니다.

그러나 우리 주변에는 아직도 목마르고 가난한 자들, 갇힌 자들, 병든 자들, 가슴이 아픈 자들이 많습니다. 지금 그들의 아픔을 기억하고 기도합니다. 저들에게도 하늘의 풍성함과 자유 함을 허락하여 주옵소서.

오직 주님께 영광과 감사를 올려드리오며, 부족한 종이 우리 주 예수 이름으로 기도하옵나이다. 아멘.

16. 그것이 어미의 사랑 법이었음을

아침 신문을 펴니
글이 문을 열고 저벅저벅 들어온다.
"부모는 먹지 않고 자식을 주고
자식은 먹고 남아야 부모를 준다."
남 얘기는 아니지.
이러고도 효자 소린 듣고 싶었겠지.
고연지고.

한 어르신이 텔레비전에 나와 눈물로 고백한다.
"어릴 적 어머니는 고기를 싫어하시는 줄 알았어요.
고기만 보면 잡숫지 않고 늘 제 숟가락에 얹어주셨어요."
그것이 어미의 사랑 법이었음을 뒤늦게 깨달은 그는
가슴을 쥐어짠다. 후회는 효력을 잃었다.
어미는 이미 하늘나라로 가셨기에.
부모는 기다려주지 않는다.

얘야, 난 효도까진 바라지 않는다.
그저 잘 살아다오.
오순도순 사는 것만 보아도 배부르다.
네 웃음소리를 듣는 것만으로 행복하다.

17. 그런데 그것이 안 된다

모두가 그는 아니라고 한다.
이유는 간단하다. 지은 죄가 너무 크다는 거다.
물론 공로도 있다.

그런데 혼자 너무 많이 먹어 몸의 균형을 잡지 못한다.
최근엔 위암에 걸려 수술까지 받았다.
어쩌자고 그리 되었는고.
욕심이 욕심을 낳은 연고다.

오늘따라 목소리 큰 반장이 열변을 토한다.
"죄는 미워하되 죄인은 미워해서는 안 된다."
"그 영혼이 불쌍하잖아. 그를 위해 기도해줘야지."
암, 죄와 죄인은 구분되어야지. 그렇고말고.

대장도 그를 불쌍히 여긴다고 한다.
그러면서도 그의 죄는 잊지 않고 자꾸 말한다.
그럴 때마다 그의 죄목이 줄지어 기어 나온다.
죄인을 미워하지 않으려면 죄도 잊어야 하는 것 아닌가.
주홍 같이 붉은 죄도 다 씻어주신 주님이신데.

그런데 그것이 안 된다.
오늘도 그의 죄목은 높이 걸려있고
방망이질은 계속 된다.
과연 우리는 사랑을 실천하고 있는 것일까.

18. 내 안엔 시의 강이 흐른다

내 안엔 시의 강이 흐른다.
그 강이 얼마나 큰지는 아직 모른다.

어린 시절 시 몇 편을 접하고
너무나 좋았던 과거로부터
잉크로 검게 칠해진 나의 시가
여백을 남기며 서있는 것이
그렇게 고와보일 수 없었던 때까지
시는 나와 더불어 평생을 살아왔다.

시는 바람처럼 몰려오기도 하고,
여울처럼 밀려가기도 하며,
구름처럼 멀리 떠 있기도 한다.

때론 시도 경건해지고 싶어 한다.
그럴 땐 내면의 깊은 생각을 끌어내
상처 난 마음을 덮어주기도 한다.
그러면 온기가 돌아난다.

그렇게 살아온 지 오래되었다.
시도 집을 지어 이사를 한다.
이 강길 따라 가면
여린 꽃도 있고 생명나무도 있겠지.

그곳에서 너를 만나면 얼마나 좋으랴.
너와 함께 이 시를 읽으며
덩실덩실 춤을 추면 얼마나 좋으랴.

19. 뙤약볕은 더 강렬하고

사자의 관심은 오로지 먹이에 있다.
오늘도 그것을 찾아 헤매다,
급기야 우리더러 먹을 만한 것을 가져오라 명령한다.
휘황한 갈기가 어깨까지 덮고 있어
우리는 그 높은 권위에 몸을 낮출 수밖에 없는데
눈을 들어보니 갑자기 그가 몹시 처량해 보인다.

헌데 아무도 그에게 먹이를 내어줄 생각을 하지 않는다.
모두가 가난한 처지인데 치도곤 한다고 뭐가 나올까.
속셈이 드러난 그는 돌아설 수밖에 없다.
지친 그가 드러누운 지 며칠이 되었다.

그는 신음을 하면서도 먹이를 찾고
하늘을 바라보아도 온통 먹이만 그려진다.
병에 걸린 그를 어떻게 살려낼 수 있을까.
그의 위세가 어떻게 회복될 수 있을까.

이젠 다른 친구들이 걱정을 하고 있다.
한약을 먹이면 될까, 아니다.
소금을 주면 될까, 아니다.

먹이가 돌아와야 하는데, 보이지 않는다.
뙤약볕은 더 강렬하고
그들 눈엔 저 멀리 누 떼가 신기루처럼 아른거린다.
모두 병에 걸리는 것은 아니겠지.

20. 지금 저 소리 들리는가

악이 꽈리를 틀기 시작하면
양심의 힘은 커진다.
"악아, 지금 네가 무엇을 말하고자 하느냐."
악은 그 입을 다물 수밖에 없다.
양심이 살아있다는 점에서 너무 좋다.

그런데 내로남불은 악이 악인 줄 모른다.
양심은 철저히 소외된다.
악은 본 모습을 애써 감추지 않는다.
외려 당당하다.
사람들은 고통 속에서 지켜볼 수밖에 없다.
이것이 우리의 현실이다. 너무 슬프다.

악은 차마 양심을 가까이 하지 못하고
그 앞에 고개 숙이는 것이 정상이거늘
어이 모든 것을 무시하려 들며 잘난 체 하는가.

오늘도 악이 추하게 입을 크게 벌리고 있다.

하루의 삶조차 버거운 세상이지만
그래도 그 귀한 양심을 어찌 살릴까 싶어
가슴 졸이는 사람들 있어 살맛이 난다.

자네여, 지금 당신의 심장을 거칠게 치며
분연히 일어서는 저 소리 들리는가.

21. 도톰한 네 사랑 먹고

과천과 서울 경계선에 사는
사촌동생이 아침참에 전화를 했다.
"너무 일찍 전화했네요.
형님, 홍어 드세요? 시큰거리는"
"그걸 못 먹으면 어찌 사내라드냐."
"그럼 조금만 기다리세요."

삼십분도 못되어 홍어 몇 접시 분 들고 왔다.
시골서 왔다는 모시 떡도 겁 없이 따라왔다.
나도 널 그냥 보낼 순 없지.
추석에 받은 멸치와
잉크도 채 마르지 않은 책을 싸 주었다.

위아래 쭉 훔쳐보던 동생이 한 마디 툭 던진다.
"형님, 좀 야위셨네."
"그래, 도톰한 네 사랑 먹고 시큰시큰 살 좀 찌겠다."

22. 전쟁도 이런 전쟁이 없다

거리 두고 살라더니 한 해 다 잃게 생겼다.
만남은 과거의 일이 되었고
약속도 쉽게 깨진다.
이러다간 너 보기 글렀다.
아니 얼굴 잊어먹게 생겼다.

사람들은 무슨 난리냐 말하고
한 번도 경험해보지 못한 세상이라 한다.
답답하기 그지없다는 말이지.

마스크가 얼굴이 된 곳에서
홀로 이 작은 공간을 지키며
오늘도 밖을 주시한다.

학생들은 학교에 가지 못한다.
교인들은 교회에 가지 못한다.
전쟁도 이런 전쟁이 없다.

23. 너야말로 얼마나 큰 사람이냐

조금은 아주 적은 것 아니지.
그것만 있으면 숨통이 트일 것 같다 하고
그것 없이는 죽을지 모른다 하니
얼마나 큰 것이냐.

인자함이 약해 보인다 하면 말이 안 되지.
그것이 없으면 우린 벌써 다 죽었다.
쇠뭉치 고집을 녹인 거 다 그 때문이라면
얼마나 강한 것이냐.

아무리 힘이 없다 해도
네 관심 한 줌 더하고 마음 넉넉히 풀면
각박한 세상도 비로소 여유롭다 하니
너야말로 얼마나 큰 사람이냐.

24. 어디 선하 디 선한 자국 없는가

상처는 늘 크고 작은 흔적을 남긴다.
결코 잊어버리지 마라.
내가 아팠다는 사실을.
무섭다.

비뚠 생각도 흔적을 남긴다.
꼬리가 길수록 문마저 닫기 어렵다.
얘야, 이젠 자자.
넌 잠도 없니.

작은 미움도 흔적을 남긴다.
마음까지 마구 구겨진다.
얘야, 그만하거레이.
상하면 어쩌려고.

가슴 아픈 그런 흔적 말고
어디 선하 디 선한 자국 없는가.
아름다워 자꾸만 눈물 나는 그런 거.
그래서 지친 삶에 꽃이 마구 피어나는

25. 우린 결코 주저앉을 수 없어

우리가 무리지어 간 곳은
잘 알려지지 않았던 나라였지.
그곳은 아무나 갈 수 있는 곳이 아니었어.
가난과 압박이 그곳으로 밀어올린 것이지만
그곳이 살 곳이 된 것은 참 기적이었어.
하지만 주인이 바뀌자 모두 보따리를 싸고
자꾸만 아래로, 아래로 내려왔지 뭔가.
그것도 정처 없이.
황무한 땅에서 다시 시작해야 했어.
삶은 결코 녹록한 것이 아니야.
긴 한파에 많은 사람이 죽어나갔지만
그들을 슬퍼할 겨를도 없었다.
아픔을 두어 겹 입고서야
우린 겨우 따뜻한 봄을 맞을 수 있었다.
세상이 몇 번 바뀌면서
사람들 얼굴빛이 달라지기 시작했지.
하지만 자그마한 결실을 위해
잠 못 이룬 사람들의 노고를 어찌 잊을까.
그러나 아직 우리의 때는 오지 않았고
꿈은 밤마다 하늘 사다리를 오르내린다.

우린 결코 주저앉을 수 없어.
그 서러운 땅에서도 살아남지 않았는가.
저 푸른 하늘을 보게나.
그곳은 이곳보다 더 춥다하지 않는가.
그래도 저리 맑고 고은 데
자, 일어서게. 가세. 가세.

26. 지금도 답을 주지 못하는

그러게 난 몰랐지.
미리 말해주었다면 더 적극적으로 변호해주었을 터인데
이젠 지나간 얘기가 돼버렸네.
기회가 온다면 다시 말할 수 있을까.
기억은 오늘까지 살았다가 낙엽처럼 지곤 하는데
지금 장담할 수 있는 것은 아무 것도 없네.
어찌 그리되었느냐고 묻지 말게나.
나도 나에게 몇 번이나 물었지만 아직도 답을 얻지 못했네.
그러니 애써 나에게 답을 얻으려 하지 말게
아니 평생을 바쳐도 얻을 수 없고
하늘나라에 가서도 얻어낼 수 있는 것이 아닐지 몰라.
하지만 한 가지 말할 수 있어.

아직 우린 서로 말할 수 있는 사이이고
물을 수 있는 자유가 주어져 있다는 것.
그것만으로도 얼마나 감사한 일인가.
해는 아침마다 우리를 새 날을 열며
하늘은 너른 장막으로 우릴 감싸고 있어.
잠시도 그것에 감사한 적 없는 매정함이란.
그래도 그들은 화를 내지 않았지.

혹시 내가 너에게 줄 답을 잊었다 해도
화를 내지 말게나. 아직은 그것이 나니까.
그런 친구가 있다는 것으로 만족하겠나.
지금도 답을 주지 못하는
그래도 친구라 불러주어야 하는

27. 골목 안 오후가 그렇게 가고 있다

까치 두 마리의 관심이 쓰레기 봉지에 꽂혔다.
한 마리는 망을 보고 한 마리는 봉지를 쫀다.
음식 쓰레기가 아닌 데 무엇을 먹을까.
얘야, 번지 잘못 짚었다.

갑자기 까마귀 두 마리 날아들더니
까치를 마구 쫓아낸다. 깡패가 따로 없다.
그래도 까치는 봉지 주변을 맴돈다.
아직 관심을 끌 수 없다는 거지.

까마귀가 큰 부리로 다짜고짜 봉지를 공격한다.
먼저 젓가락이 튀어나오고
다음엔 휴지가 끌려나온다.
갑자기 거리에 식탁이 차려졌다.
헌데 기대한 먹이는 좀처럼 보이지 않는다.
기가 막힌 까마귀, 망연자실한 표정이 또렷하다.

마침 쇼핑 백 들고 가던 아낙,
그 모습 보며 한 마디 툭 던진다.
너희들 배고픈 모양이지.

그 말에 맘 상한 까치도 가버렸다.
주름잡던 까마귀도 가버렸다.
요기조기 살점 뜯긴 봉지만 아파서 울고 있다.
해가 말없이 빛 한 줌 선사한다.
골목 안 오후가 그렇게 가고 있다.

28. 오늘 만큼은 휘휘 저으며 걸으시라

꼬부랑 할머니
뒤 짐 지고 숲길로 접어든다.
나무들이 저마다
고개를 숙이며 환영인사를 한다.
꽃 당신 납시니 어찌 반갑지 않으랴.
무거운 삶에 마냥 짓눌렸어도
오늘 만큼은 휘휘 저으며 걸으시라.
긴 호흡으로 숲을 들이 마시며
뱃속 깊이 숨어든 역사를 토해내도 누가 뭐랄까.
당신은 오늘 우리의 여왕이시니
우리 모두 당신을 높이 받들리라.

29. 이 기쁜 소식을 뛰어가 알리노니

우리에게 만찬이 있다면
그것은 고개 숙인 자의 눈물 어린 것 아니겠소.
그 어찌 감히 받을 수 없는 상을 받으니
더욱 마음이 아프다 할까.
그래도 애써 주시는 것이니 기쁨으로 앉으리다.

우리에게 사랑이 있다면
그것은 배고픈 자의 서러움을 읽은 것 아니겠소.
겨자씨만한 것이 자꾸 자라 덤으로 주고 주니
풍성한 밥상이 되지 않았겠소.
그래도 오늘은 감사가 있어 잔치가 되었구려.

우리에게 내일이 있다면
그것은 하늘이 선사한 한 꾸러미 희망과
우리를 위해 뜰 태양이 있는 것 아니겠소.
이 기쁜 소식을 뛰어가 알리노니
이젠 눈물을 닦고 고개 드시게나.

우리 사이에 어디 간격이 있겠소.
내일은 더 화려한 잔치가 될 것이외다.

30. 정치가 화났다

하늘이 우리에게 정치(政治)를 선물했다.
그래 이 요술 방망이를 사용해서 잘 살아라.

사람들은 그것을 자연에 대며 말했다.
너희들 내 말 안 들으면 못살 줄 알아라.
그 때부터 자연이 신음하기 시작했다.
그 울음이 지금까지 계속되고 있다.
사람들은 아예 듣지도 않으려 한다.
그놈들, 늘 그런데 뭐.

마침내 그것을 사람들에게 디밀기 시작했다.
정치가 가시가 되어 찌른다.
아니, 좋은 데 쓰라고 했는데 무슨 일이람.
폭군일수록 그걸 좋아하는 데 어찌하겠소.

갑자기 정치가 화났다.
난 이러기 위해 태어난 것이 아니요.
난 때리는 데 쓰는 방망이가 아니란 말이요.
어디 나에게 한 번 물어본 적 있소?
도대체 정치가 뭔지나 아시오?

사람들 얼굴이 빨개졌다.

그래 내가 뭐랬소. 물어보고 하라 했잖소.

물어보고.

정치를 거꾸로 쓰면 치정(恥政), 아니 치정(癡政)이 되오.

그것은 아니 되오.

31. 나는 오늘을 산다

너야 그것이 가능한가 싶었겠지.
산허리에서 산이 돌아나고 들이 소리치고
구름이 밀려나며 비가 한꺼번에 쏟아지는 것이.
그 많은 세월이 지나도 어떤 변화가 없던 것이
오늘따라 모든 것을 정리하고 돌아서기가.
모두 다 함께 할 것이라 했지만
그런 생각 접고 모르는 행상을 따라 갔다는 것이.
확실하지 않다는 것을 알았지만
기다리고 기다리다 결국 깊이 숨어버렸다는 것이.
그래, 삶이 하나 더하기 하나가 아니라는 사실을
늦게나마 깨달은 것이 그나마 다행이다.
너야 피식 웃고 말 일이지만
그것을 생명처럼 지킨 나야
오늘도 불가능의 산을 가능으로 바꾸며
한 걸음 한 걸음 가고 있다.
과연 물음표를 환희로 바꿀 수 있을까.
부정문을 긍정으로 뒤집어 읽으며
나는 오늘을 산다.

32. 아무래도 늙기 싫은가 보다

모두 풍선이 되었나.
뭐가 볼게 있어 그리 높이 오르는가.
나야 고개 들일 없으니 관심을 꺼둘 거지만
세상이 하수상하니 조용히 책 읽기도 버겁다.

밤은 일찍부터 잠들라 재촉하는데
간간이 들리는 건너 편 소식에
그만 설치기 일쑤다.
모두 내 맘 같지 않다.

오라는 소식은 들리지 않는데
자꾸만 셈만 늘어간다.
간간이 올라가는 깃발은 무슨 의미인가
궁금증 풀려다 주름살 늘어간다.

그만큼 나이 들었으면
놓을 일만 남았을 터인데
조약돌 집으며 아름답기 바란다.
아무래도 늙기 싫은가 보다.

33. 차라리 겨울로 더 깊이 들어가

추위는 점점 걸음을 재며 다가오고 있다.
낙엽은 입술조차 바싹바싹 마른다.
오늘 밤은 어디에 내 몸을 뉘일꼬.
내 피부는 겹옷으로 더 두터워지고
하늘은 나 몰라라 눈을 가린다.
그래 입동이다. 그래야 입동이지.

여름 내 부채질 하던 나무는
이제 검은 줄기만 남긴 채 긴 잠으로 들어가겠지.
그래도 우린 눈 좀 맞추고 얘기를 나눠야 하지 않겠나.
긴 말은 못한다 해도 우리 사이에 여운을 남겨야
오는 겨울을 따뜻하게 보내지 않겠느냐.

찬바람이 밀려오는 날엔
더 날카로운 눈으로 하늘을 바라볼 것이다.
때론 눈물이 나겠지.
하지만 어찌 얼어버린 땅과 비교할 수 있겠는가.

차라리 겨울로 더 깊이 들어가
쩍쩍 갈라지는 소리로 너의 이름을 부르리라.

그 땐 멀리서 가슴 저린 포로들의 합창이 들려오겠지.
겨울은 나에게 한 마디 말을 하지 않아.
하지만 나는 너의 아픔을 안다.
난 널 깨워야 해. 잠들면 안 돼.

34. 우리에게 주는 당신 밖에 없습니다

가을비 내리는 날이면
겨울이 달려온다는 말에 옷깃을 여밉니다.
밖은 아직도 코로나바이러스와 전쟁 중입니다.
우리는 참호에 갇혀있고 무기는 마스크뿐입니다.
코로나 그 강한 철퇴에 사상자가 줄을 잇습니다.
전장 소식은 너무 처절해서 때론 할 말을 잊습니다.
모두 이렇게 가나 싶어 가슴이 저립니다.
중세 흑사병 때도 그랬겠지요.

사는 것이 사는 것이 아닙니다. 이 찬란한 세기에.
성탄절이 문턱인데 자식들 본지도 오래되었습니다.
그래도 교회 문을 열고 당신 앞에 서는 순간마다
너무 감격해 눈물이 납니다.

찬양하고 기도할 수 있는 것만으로도 축복입니다.
비록 양식이 풍족하지 못하고 소식이 어두워도
당신의 은혜는 한없고 오늘도 빛이 납니다.
오히려 당신은 더 깊은 아픔으로 우리 상처를 보듬고
더 큰 위로의 손길로 우리를 덮습니다.
당신이 아니면 어떻게 우리가 서겠습니까.

오늘도 눈을 들어 당신을 바라봅니다.
당신이 있기에 소망의 끈을 붙잡습니다.
손을 펴 우리를 잡아 일으키십시오.
아니, 말씀만 하십시오. 우리가 벌떡 일어서고
험한 산길도 기쁨으로 뛸 것입니다.
누가 뭐래도 우리에게 주는 당신 밖에 없습니다.

35. 삶은 아이러니다

마침내 나무는 옷을 벗어버렸다.
경비 아저씨들은 그 옷들을 모두 자루에 넣어
한꺼번에 태워버릴 심산이다.
그 모습에 나무 심장은 너무 놀라 검댕이가 되었다.
하늘을 향해 빌어보지만 소용이 없다.
이따금 구름만 널 지켜볼 뿐이다.

더 이상 교만하지 말라는 가을 호령에
싱그럽던 잎마저 풀이 죽었다.
그리 기운 빠진 널 어찌 볼 수 있을까.
계절이 바뀌니 모두 안면몰수다.
참, 애처로운 계절이다.

그래도 아이들은 낙엽을 흩날리며 소리친다.
나무 아저씨, 추우면 말하세요.
우리가 이불 덮어드릴게요.
이렇게 안아줄 수 있어요.
세상에 따뜻한 사람도 있다.

그제야 낙엽이 비시시 마른 얼굴을 편다.
가을 정원에 오후 해가 비친다.
모두 아름답다.
이 모진 계절마저. 아니 상처까지도.
삶은 아이러니다.

36. 감사가 눈물로 자꾸만 흘러내립니다

주님, 주님은 우리의 슬픔 속에 계십니다.
뚝뚝 떨어지는 눈물로 계십니다.
주님은 우리의 아픔 속에 계십니다.
아리고 아림으로 서 계십니다.

하지만, 주님이 휘파람을 크게 부실 때
적은 깨어지고 슬픔은 가슴 뛰는 기쁨으로 변합니다.
우리의 입술은 찬양으로 변하고
당신은 거룩한 영광으로 둘러 계십니다.
그 순간 우리는 입을 틀어막으며 기도를 드립니다.
감사가 눈물이 되어 자꾸만 흘러내립니다.

37. 맥문동, 너는 하늘의 전령사니라

갈마중 오솔 길에 맥문동이 즐비하다
두 팔 세 팔 넓게 펴 모두를 환영하며
양지는 모두 나무에게 내어주고
그늘 아래 청초히 뿌리 내린 너에게 상을 내려야겠다.

진자리 마른자리 가리지 않고
여름 내내 자줏빛 꽃 피우며
고운 자태로 고고함을 잊지 않았으니
어찌 너를 높이 평가하지 않겠느냐

마디마디에 달린 네 소식에
나의 눈은 호사를 누린다.
하늘이 내린 말을 어찌 마다 하리.
맥문동, 너는 하늘의 전령사니라.

38. 숲이 축제를 연다

지난밤 가을비 적시고 가더니
낙엽이 온통 대지를 덮었다.
무엇이 너를 놀라게 했기에 몽땅 내려왔느냐

어떤 나무는 길섶에 노란 카펫 깔고
어떤 나무는 빨갛게 물든 카펫 깔았다.
어떤 손님이 오시기에 그리 색색 단장을 했을까.

비탈길에 이따금 오가는 바람 있지만
그들도 비켜서 움칫 지켜보고
나 또한 놀라니 경이만 홀로 남는다.

중년 한 분이 이미 자리 차지하고 앉아
눈 감고 가을을 들이킨다. 주인공이 따로 없다.
빨간 숨 쑤욱 올라가고 노란 숨 쏟아낸다.

숲이 축제를 연다.
노래가 시작되면 춤판이 벌어지겠지.
돌아오는 길에 네 모습 한 번 더 보고 싶다.

39. 헝클어진 마음이 실처럼

갑자기 "그런 것이 아냐"가 소리를 높인다.
토라진 모습이 역력하다.
비뚠 입술에 화가 섰다.
조금만 눌러도 터뜨릴 기세다.
"그러게"가 한 발 나선다.
다독임만으로는 부족하다 싶었는지
두 팔을 쭉 벌려 안아 준다.
때론 용기가 필요하지.
"나도 이해해"가 조금씩 거든다.
잠시 어색함이 스멀거리더니
헝클어진 마음이 실처럼 풀어지기 시작한다.

모두들 "그러게"에게 눈짓을 한다.
잘했어. 잘했어.
모두의 볼에 미소가 내려앉는다.
입가에 평화가 찾아왔다.
"지속가능" 열차가 칙칙 소리 내며
홈으로 들어온다.
시선이 일제히 그쪽으로 기운다.
누가 내릴까 궁금하다. 궁금하다.

40. 내일 찬란히 뜰 해를 기다리며

차라리 네 모습을 반쯤 가려라.
너는 이미 드러난 것만으로도 황홀했잖아.
왜 지금 나를 바라보지 않느냐 묻겠지만
묻지 않는 것이 오히려 예의일 게야.
거나한 과거가 빛으로 쏟아져 들어오거든.
요즘 소식 들었나.

치장한 얘기들 때문에 웃음이 나고
거짓이 참 말 행세하느라 바쁜 것.
사람들은 알고도 속는다.

그것이 무슨 좋은 소식이라고 자꾸 밥상에 올릴까.
요샌 사자도 힘이 빠졌어. 호랑이는 이미 가죽이 되었다.
기대했던 군왕이 전제군주 노릇하고
숲속에 사는 촉새가 도시를 기웃거린다.
세상이 거꾸로 돌아가고 있는 게야.

너마저 숨어서 찔러대니 모든 것이 뒤죽박죽이다.
깨끗한 거리에 보이지 않는 쓰레기가 넘친다.
구석구석이 썩어 곰팡내 나고

아름다워야 할 입에서 가시가 돋는다.
내사 그래도 다른 별 찾아갈 일 없을 터이니
오늘밤은 이 별을 지킬 것이다.
내일 찬란히 뜰 해를 기다리며

41. 오늘도 별 하나 걸어두었다

내 마음 한 쪽 벽을 차지한 화폭에
자꾸만 별이 는다.
오늘도 별 하나 걸어두었다.
과거는 눈물이었는데
지금은 몰래 곁을 떠난 얼굴이 별로 변한다.
작년에 큰 별자리에 하나 두었는데
금년에도 하나 더 늘었다.
먼저 간 별들은 더 멀어지고
새로 건 별들은 가까운 자리에서 희게 반짝인다.

아직도 새 참이라 다른 별들이 실눈을 떠 살핀다.
그래 세상 살맛나던가 묻기도 하고
고향 얘기도 하란다.

별들이 반짝이는 이유를 물으니
한 번도 등불을 켠 적 없고 끈 적도 없다한다.
그것은 늘 그 자리에 서서 우리를 지켜보며
때로 구름을 내려 보내기도 하고
바람을 보내 몰래 우리의 뺨을 스치게 한다.
그것이 별들만의 인사법이니 어찌하랴.

지금도 별이 되고 싶은 사람들은
가슴앓이를 하고 있다.
내가 널 화폭에 걸지 않는 한
내 곁에 있어야 하느니
내가 별을 그리기 전까지 넌 별이 아니니라.

42. 가슴이 답답할 땐 울어라

가슴이 답답할 땐 울어라.
그곳에 눈물의 강이 흐르면
막힌 곳이 뻥 뚫릴지 어찌 알겠느냐
하늘을 향해 소리치고
그것이 나의 죄 때문이라고 말하라.
그리하면 그 정성을 보아서라도
너를 향해 고개를 들 것이다.

가슴이 답답해 잠이 오지 않으면
차라리 찬 설음 쏟아내며 울어라.
울음이 그치면 하늘은 너를 안고
등 다독이며 재울 것이다.

너는 그 품안에서 아기처럼 뒤척이며
결국 잠이 들고 말게야.
하늘 앞에서 당당히 아기가 되라.

가슴이 답답할 땐 밖으로 나가라.
그곳은 언제나 너를 향해 팔을 벌리고
숨길을 열어 네 폐부까지 깊숙이 들어갈

꿈들을 하나하나 삼키게 하나니
그것이 약이 되어 너를 살리리라.
친구가 따로 있겠느냐.
너를 받아주면 다 친구가 되는 거지.

43. 러블리즈에겐 여름이 한 조각이었어

슈만은 교향곡 1번에 봄을 붙여놓았지.
베토벤도 바이올린 소나타 5번 F장조에 봄을 올려놓았다.
비발디도 사계엔 엄연히 봄이 존재한다 했어.
모두들 행복 시작을 외치기 시작했지
그런데 저 구석에서 깃발 하나 오르더니
빼앗긴 들에도 봄은 오는가 하지 않겠니.
그래도 봄은 오지.
얼마나 기다리며 보고 잡다 하는 데

러블리즈에겐 여름이 한 조각이었어.
여름비 내리는 밤을 말하는 것 아니겠지.
아마도 나에게로 떠나는 여행, 8년만의 여름인지도 몰라
모두들 신나하는 계절에 꿈같은 얘기를 나누며
별을 헤는 밤 같은 거
그런 감상일랑 접을 때가 된 나이인데
역시 여름은 여름인가비어.

가을, 너는 원래 나를 가두는 존재였지.
그만큼 너는 나와 떨어질 수 없었어.
그런데 기온이 떨어지니 네 마음이 바쁘다.

그럴 땐 마음이 변했나 생각이 들곤 하지.
이별을 말하기에는 아직 이른데
잎까지 떨어지니 더 이상 붙잡을 수 없다.
불쌍한 것, 너까지 보내고 나면 난 어이 지날까
밤새 생각해도 답이 나오지 않는다.
그래 갈 테면 가라.

겨울, 너는 마지막 계절이 아니라 새 해의 초창기잖아.
겨울나기 어렵고 배고픈 사람들에게 매서운 놈이지만
그거야 사랑으로 나누고 베풀면 더 이상 위협이 되지 않지.
눈의 여왕이 겨울왕국을 펼 땐 너도 판타지가 되고
첫 눈 내리면 만나자는 철부지 약속도 생각이 난다.
하얀 그리움이 하얀 기다림이 될지 어찌 알까.
그래도 겨울에 동화가 태어나고 종소리도 울리지.
하지만 겨울은 이미 알고 있었어. 봄이 온다는 것을.
겨울, 넌 뭐래도 바람 꾼이야.

44. 저 달을 보며 잠들었을 네 모습으로

내가 너에게 주목을 하게 된 것은
네 가난한 눈빛 때문이었어.
사람들을 피해 요리조리 다니는 것은
혹이라도 먹을 것이 없나 싶은 거였지.
사람들은 너의 배고픔을 몰라.
안다고 해도 관심을 두지 않아.
그래서 너는 더 가난해진다.

그날 너는 먹이 상자에 눈을 떼지 못했어.
그곳에 네 몫이 있나 자꾸만 발을 대보았지만
어림 반 푼어치 없는 결과로
네 눈은 더 초라해지기 시작했다.
배고픔은 더해지고
너는 그만 허탈해지고 말았지.

그 밤에 내가 아내에게 말했어.
네가 몹시 배가 고프다고.
아내는 기꺼이 고기를 잘라
한 웅 큼 네 몫을 허락해주었지.
난 네게 상처를 주기 싫어

몰래 네 마당 한 구석에 상을 펴놓았지.
네가 그것을 찾아먹는다면
오늘 밤 편한 잠을 잘 수 있지 않겠느냐.

나야 그렇게 되기를 바랐을 뿐이야.
이튿날 확인하러 갔었지.
고기들이 비워진 것을 보고 너무 기뻤어.
고양아. 내게 감사할 것까지는 없어.
허기지지 않고
저 달을 보며 잠들었을 네 모습으로 만족하니까.
울지 마. 꼭 행복해야 해.

45. 굳이 고집 부릴 필요는 없지

사람들이 박수를 쳤을 때
그는 누구를 위한 것일까 두리번거렸다.
설마 나는 아니겠지.
박수는 종종 그렇게 명예를 지어낸다.
그래도 그렇지 않았으면
그것이 낳을 결과로 가슴 퍽 아팠을 터다.
깃대를 높이 세운 사람들 틈에서
겸손을 친구로 삼고 사는 것이 얼마나 어려운데.
그럴 땐 눈 딱 감고 받아들이는 거야.
기적이 따로 있나 이것이 기적이지.
지금 아니어도 다음이 있다.
내가 아니어도 세상은 돌아간다. 생각하고
조금만 양보하면 다들 놀랄 것을
굳이 고집 부릴 필요는 없지.
고맙다. 친구야. 내 길을 보여줘서.

46. 전장이 따로 없다

냉기가 밤에 나를 찾아왔다.
예고 없이 들이닥치는 병사가
차디찬 언사를 마구 쏟아낸다.
시베리아에서 전차 군단을 몰고 왔다면
굴락(gulag)의 아픔이 묻었을 것이고
자무쓰, 옌지 거쳐 왔으면
칼바람 타고 언덕을 넘어 왔을 것이다.
눈초리를 매섭게 한다고 속을 내가 아니지.
무례하기는, 여기가 어디라고.

헌데 그 새 얼어버린 나무는
한 풀 꺾인 신호를 보낸다.
어젠 잔가지 정리를 했는데
이번엔 통 수선을 해야 할 것 같아요.
저런, 저런. 통신병에게 급히 연락해다오.
기도 조목이 또 하나 늘었다고.
지금 우리가 할 수 있는 것이 무엇이냐
하늘을 향해 간절함을 전해라.
무조건 감동시켜라. 시간이 없다.

전장이 따로 없다.

47. 오늘은 네가 나의 친구가 되어주었으니

출근 길
숲 끝자리에 선 나무 가지에
겨우 걸린 손 하나, 또 다른 손 하나
자꾸만 나를 향해 손을 흔든다.
무슨 말을 하려는 걸까.
눈 부릅떠 살펴보니
이별을 고하는 마른 잎일세.
땅으로 하강하기 전
바람에 등 떠밀려 가는 설음 접으며
애써 손으로 얼굴 가린다.
그래 네 눈물을 기억해주마.
멋지게 살다 가는 너 아닌가.

복지관 엘리베이터에 들어서니
포스터 한 장이 나를 붙잡는다.
"기쁨과 행복이 가득한 성탄절 되세요.
해피 뉴 이어."
그래 아무리 지친 세상이어도
네 거룩한 초대장 받았으니
두려움 접고 가뿐한 걸음으로

하루, 하루 걸어
다음 해로 들어가리라.

마른 잎이어, 그림 카드여
오늘은 네가 나의 친구가 되어주었으니
내일은 내가 너의 친구가 되어줄 것이다.

48. 이것으로 행복할 수 있다면

간밤에
하늘이 메시지를 보냈다.
“행복을 걸어놓고 갑니다.”

열어보니
눈
이
다.
눈, 눈,
첫눈이다.

작은 기쁨이 쌓인다.
소복하게.
이것으로 행복할 수 있다면
오늘 나는 부자다.

눈이 눈물을 흘린다.
기쁨일까 슬픔일까.

49. 우리가 당신과 함께 있나이다

별이 반짝이는 것은
보석처럼 맑은 당신을 바라보기 때문입니다.
이 겨울에 눈이 내리는 것은
기다림에 지친 영혼을 다독이기 때문입니다.
이 밤이 다 가기 전에 마음에 묻은 먼지 훌훌 털어내고
새 해를 기쁨으로 맞으소서.
정녕 당신이 있기에 과거는 빛나고
현재는 아름다우며 미래는 벅찰 것이외다.
하늘의 소리가 당신을 깨우며
밝은 해가 당신을 비칩니다.
일어나소서.
힘차게 걸으소서.
우리가 당신과 함께 있나이다.

50. 손을 벌려 화해를 청하라

허리가 고통을 호소하지 않았더라면
모르고 지나갔겠지.
오래 앉아있던 죄가 드러난 거지.
사실은 사실대로 말을 하고 만다.
받아들이는 것은 죄인이 할 일이다.
너무 죄송합니다.

입이 소리치지 않았다면
모르고 지나갔겠지.
고집 피운 죄를 숨길 순 없다.
나름대로 이유가 있다고 우겨보지만
아픔에 어찌 이유가 없을까.
고개를 숙이는 것이 아름다울 터
그저 죄송할 뿐입니다.

해가 뚫어져라 날 바라보지 않았다면
그냥 모르고 지나갔겠지.
오늘을 사랑해야 한다는 것을.
무엇에 쫓겨 그리 총총대는 것이냐
찬바람이 너를 위해 돌아서진 않는다.

손을 벌려 화해를 청하라. 빨리.
정말 미안합니다.

우리는 날마다
죄송하고 미안하게 살고 있다.

51. 가시 같은 날들이 지나고

떠나야 할 시간이 다가온다.
그 때가 내일이 될 것임을 아무도 몰랐다.
그렇게 느려빠진 여름 오후처럼
길어진 시간을 탓하던 일이 몇 번이던가.
미칠 지경이라는 소리도 듣곤 했는데
급기야 그 시간이 온 것이다.
가시 같은 날들이 지나고
이제 문을 박차고 뛰어나갈 날이
소리 없이 날아왔으니 어찌 아니 기쁠까.
화가 날 땐 마음 다독이고
치밀어 오를 땐 자신을 더 누르고
오지 않을 땐 더 멀리 보며
그렇게 가면 숨을 쉴 날이 오지 않겠느냐
해야 할 일이 가득한데
아무 것도 할 수 없을 때
우리는 산 넘어 산을 향해 소리를 질렀다.
한계점에 달했다는 것이지.
하지만 그것만이 답은 아니다.
참고 기다리면 그것이 온다.
아무 일 없다는 듯 바람같이 나타나

우리를 향해 웃는다.
화를 낼까 말까 망설이는 동안
그만 따라 웃고 말았지.
그러게 내가 뭐랬어.
아무 것도 아니라고 했잖아.

52. 내일을 향해 깃발을 흔들어라

가는 시간을 누가 붙잡을 수 있을까.
차를 시켜놓고 긴 얘기를 늘어놓은 것은
애당초 잘못된 것이었어.
자꾸 그것에 끌려가는 것이 뭬 좋다고.
매달려도 뿌리치고 갈 터이니
미련일랑 접고 일찍 짐 싸 보내는 것이
결코 손해 볼 장사는 아닐 것이야.
무엇을 기대하는 것은 무리이니
지키지 못할 약속일랑 아예 말게.

지난 시간은 다시 오지 않을 터.
차라리 오늘과 손잡고
내일을 향해 깃발을 흔들어라.
어쩌면 그가 소리 없이 찾아와
살진 소식을 전해 줄지 어찌 알겠나.
귀가 가려우면 문 앞까지 온 그리움일 테고
문고리 소리도 들리지 않으면
하늘도 잠든 것이라 생각하게나.
오늘을 사는 자네야말로 행복한 줄 아시게나.
아무렴, 그렇고말고.

53. 나는 비와 눈과 바람 앞에 약하고

비가 쏟아지는 여름이면 맨 발로 뛰어나가
온 몸으로 너를 맞으리라.
네 슬픔이 더 이상 길지 않도록
손등으로 네 긴 눈물을 자꾸만 닦아주고 싶다.

소리 없이 눈 내리는 겨울이 오면
창가에 서서 두근두근 설레는 마음으로 너를 맞으리라.
여름 내내 다져놓은 뜰이 좁다면 내 마음의 뜰까지 열어
온통 너의 세계를 그려놓으리라.

바람이 굽이굽이 불면
너를 향해 얼굴을 들어 너를 맞으리라.
너의 피부가 이렇듯 부드럽고 다정한데
속살은 얼마나 고울까.

나는 비와 눈과 바람 앞에 약하고
친하고 싶다고 말한 지 오랜데
그들은 아직도 답을 주지 않는다.
얘들아, 무서운 생각일랑 아예 접거라.
난 너와 싸우고 싶지 않으니.

54. 내가 너에게 반한 것은

모두가 잠든 밤에
가로등만 열심히 이 외진 골목을 지키고 있다.
이따금 바람이 옆구리를 찌르며
도망치곤 하지만 결코 놀라는 법이 없다.

눈이 펄펄 내리는 밤엔 더 바쁘다.
눈은 어깨를 들썩이며 쉼 없이 내려온다.
뭐가 그리 신나는 지 궁금하지만
하늘에서 오신 손님이니 말없이 모실 터이다.

절룩이는 걸음 보일라 치면
눈 크게 뜨고 더 멀리 비춘다.
혹시 다칠세라 마음 조이며
더 이상 외롭지 않게 하리라 다짐하며

동 틀 시간이 가까운데도
졸린 눈 비비며 마지막 빛을 높이 든다.
내가 너에게 반한 것은 너의 아낌없는 마음이니
세상 어디서 너만 한 것을 배울꼬.

55. 하하, 사람들이란

먼저 온 사람은 좁은 공간에 들어가기 전
숨 깊게 들이 마신다. 한 번, 다시 한 번.
안에 깊이 잠든 무의식을 흔들어 깨우며
하루를 시작하려는 것이지. 일어나, 일어나.

밤을 지켜낸 사람도 자리에서 일어난다.
두 팔을 높이 올리고, 등을 쭉쭉 밀어낸다.
한 번도 마음 놓고 펴 보지 못한 속내만큼이나
아픈 손가락이 때 탄 생각을 지우기 바쁘다.

햇볕이 들기 시작하면 삼삼오오 입구로 몰려든다.
저 빛을 받아 무엇에 쓸고 이리저리 궁리하다
결론을 내리지 못한 채 다시 만나자 한다.
그러다가 만다. 어제도, 그제도. 만남도 쓸모가 없다.

그 사이 노인은 지팡이 짚고 달빛 위를 걷고
가방을 맨 학생은 뒤도 돌아보지 않고 간다.
아낙은 고양이 집을 찾아 인사를 한다. 잘 있었니?
길바닥의 꽁초들이 흰 이빨을 드러내며 웃는다.
하하, 사람들이란.

56. 어둠에서 밝음으로 색을 바꾸고

요즈음 하늘은 마음이 편치 않다.
회색 구름이 앞을 턱 가로 막고
물러날 기미를 보이지 않으니
답답하기 그지없었을 것이다.

이따금 바람을 보내 설득을 해도
좀처럼 끄떡도 하지 않던 녀석이
오늘은 마음을 싹 바꾸었다.
그래봤자 얻을 것이 별로 없음을 안 것이지.

동이 트자 뚫린 구름 사이로 빛이 마구 쏟아진다.
세상은 금방 어둠에서 밝음으로 색을 바꾸고
이곳저곳에서 축포가 터진다.
모두들 환희의 깃발을 흔든다.

하늘은 땅을 보며 파란 미소를 짓는다.
그제야 땅도 초록 빛 연서를 펴며 응답한다.
그렇지 우린 그렇게 살아왔잖아.
구름이 길을 가다 몰래 훔쳐본다. 흠.

57. 자장매의 눈시울이 갑자기 붉어진다

양산의 자장매가 꽃망울을 터트리기 시작했다.
그 소식을 제일 먼저 올린 시인의 가슴이 발갛게 익었다.
숨 가쁘게 뛸 일은 아니지만
아직 봄이 먼 것을 아는 이들은
서두르다 넘어질까 조심하라 애써 일러준다.
그래도 사람들은 좋아하기 마련인데
너도 나도 겨울 속에서 봄을 미리 맛보는 기쁨에 저려
이번에도 속절없이 넘어간다.
이 소식을 북극에 전하니 전보 한 장이 날아들었다.
"이곳에도 하얀 눈꽃이 피었답니다.
온 세상이 꽃밭입니다."
자장매의 눈시울이 갑자기 붉어진다.
울지 마라. 시샘도 하지 마라.
넌 봄을 미리 피어낸 이 땅의 영롱한 꽃 아니더냐.

58. 그가 바람을 타고 산을 넘어오는 꿈을 꾼다

메뚜기는 하늘대하기를 한사코 반대했다.
펄쩍 뛸 수 있는 다리와 마실 이슬이 있는데
왜 그래야 하느냐며 소리를 질렀다.
우린 그 우락부락한 목소리에 눌려 아무 말 하지 못했다.
그런 다음에도 그는 질긴 목줄을 놓지 않았다.
그런 그가 어느 날 갑자기 최후를 맞았다.
그 소식을 들었을 때 조금은 놀라는 눈치였는데
그래도 조문객들은 그를 위해 기도하고 찬송했다.
그렇게 하늘보기를 거부했지만.

그런데 그의 친구들은 그를 멋쟁이라 불렀다.
왕년에 두꺼운 안경을 끼고 들판을 휩쓸었던 모습이
꽤 멋있게 보인거지.
아니면 거친 논밭을 행진할 때 앞장섰던 모습이 기억에
남았던지.
날개를 쭉 펼 땐 위용이 넘쳤으니까.
시신일랑 따로 거두지 말고
재는 자주 오르던 산에 흩어버리라는 유언은 지켜졌다.
한철 삶은 그렇게 끝이 났다.

나는 이따금 그가 바람을 타고 산을 넘어오는 꿈을 꾼다.
그 때 무슨 호령을 할까 궁금하다.
아니 그가 만난 하늘이야기가 궁금하다.

59. 난 이름의 자유를 선언하게 되었다

세상에 이름 없는 것이 어디 있담.
하지만 좋은 것은 이미 다 차지했고
앞으로 존재할 것들에 대한 배려는 아예 지워버렸지.
그래서 난 이름의 자유를 선언하게 되었다.
이름이 없어도 자유롭고
이름이 있어도 자유로운 세상을 여는 거야.
단 몇 자여야 한다는 규칙 따위는 이미 폐기되었지.
어느 날 아침 "따뜻한 밥이 그립다"가 날 찾아왔어.
인사가 끝나기도 전에 우린 알았지.

눈빛만으로도 이미 포근함이 배어온다는 것을.
난 "그래 잘했다. 괜찮아"에게 말했지.
우리가 만든 세상이 얼마나 다르고, 세심한지를.
우린 해를 향해 더 이상 "해"라고 부르지도 않아.
"어둠을 지우는 지우개"가 되기도 하고
"산등을 오르는 할아버지"가 되기도 하지

피곤해 보일 땐 "이젠 좀 쉬세요"가 되기도 해.
그런 땐 서산으로 몸을 숨기고 잠을 자러가는 것 같아.
그에게 지어준 이름도 수 백 가지가 넘어.

다 기억할 필요도 없어. 그 때 그 때 바꿔주면 되니까.
이름에 신경을 쓰지 마. 없어도 돼.
몰라도 불편한 것 없고, 모두 좋아하니
그것으로 된 것 아니겠어.

60. 가죽구두보다 귀한, 너무나 귀한 하루를

"새 구두." 1946년 오스트리아 사진작가 게랄드 발러(Gerald Waller) 작품이다. 기쁨, 엑스터시, 감사가 아이의 얼굴에 쓰여 있다. 여섯 살 나이 베르펠(Werfel)은 오스트리아 고아원에서 살았다. 제2차 세계 대전 중이었지. 어느 날 적십자사로부터 새 신발을 선물로 받았다. 비까번쩍한 가죽구두다, 가죽구두.

"새 구두라니!" 그는 계단에 앉아 두 손으로 구두를 감싼 채 가슴에 안았다. 그리곤 만면에 기쁨을 담아 하늘에 감사했다. 이렇게 기쁠 수가 없다. 기쁨이 둥둥 떠다닌다. 이제 내 삶은 새 신발이다.

작품을 보며 곰곰이 생각했다. 하나님은 고아 같은 우리에게 오늘을 주셨지. 가죽구두보다 더 귀한, 너무나 귀한 하루를 모두에게. 삶을 새롭게 시작하라고. "오 주님, 감사합니다." 그래 오늘 그 신발을 신는 거야. 기쁨으로, 감사로.

"얘야, 너는 언제 가죽구두보다 오늘을 기뻐한 적 있느냐?"

61. 네가 그리워하는 것은 따로 있지

공원은 늘 그 자리를 지키고 있다.
애써 오라 소리치지 않고
누가 곁에 와도 전혀 내색하지 않는다.
오늘도 잠잠히 하늘을 바라보며 산다.
네 사랑은 그렇게 높게 떠있다.

넌 한 번도 내게 아니라 말한 적 없다.
언제나 넉넉히 길을 열어주었지.
때론 마음까지 내어줄까 싶어 바라봤지만
네 시선은 절대로 흐트러짐이 없었다.
네가 그리워하는 것은 따로 있지.

어제는 이 골목에 서서 너를 바라보고
오늘은 네 옷자락을 밟으며 걸었다.
빛은 하루 종일 너와 춤추고
바람도 길 따라 가며 춤을 춘다.
모두 너와 친구하며 산다.

공원에서

62. 언제 봄이 봄다워질까

새 집에 들어왔을 때
거실, 서재가 난리가 아니었어.
뜨겁더라고. 난 진한 환영사에 어쩔 줄 몰랐지.
그런데 환영사가 끝나지 않으니 답답해졌다.
우리는 확성기를 꺼버리고 말았지.

그런데 지금까지 안방은 온기가 없어.
언젠가 한번 얼굴이 화색이 돌더니
그 뒤엔 소식이 없어. 토라졌나.
그래서 우린 너를 냉골이라 불렀다.
얘야, 그래 가지고 안방이라 할 수 있겠느냐.

결국 고객 센터에 이름을 올렸지.
기술자가 이리저리 선을 만지고 갔다.
그런데 이상한 일이 벌어지고 말았어.
서재를 데우려면 안방을 켜놔야 해.
이건 뭐야. 서로 봐주긴가. 핑퐁도 아니고.

오늘도 안방은 냉골이야.
“서재를 켜보세요.” 그럼 될지.

그렇게 말하지만 아내는 꺼버린다.
가스 값이 아깝다, 아까워.
새 집은 서비스가 필요하다.
언제 봄이 봄다워질까.

63. 세상이 어디 사람들만의 것이더냐

거리와 빌딩 사이로 오후가 길게 자리 잡고 있다.
빛은 하얗고, 조금은 노란 천을 흔들며 내려오고
건물 벽은 불그스레한 점으로 부끄러움을 토해낸다.
그들이 무슨 대화를 하는지 도무지 알 수 없지만
사람들이 그 사이를 부지런히 오가는 것을 보면
일이 난 것임엔 틀림없다.

그것이 사랑인지 질투인지는 나중에 판명이 나겠지만
하루가 멀다 하고 만나는 것을 보면
할 말이 많은 것은 틀림없다.
세상이 어디 사람들만의 것이더냐.
그들은 우리가 모르는 언어로 뜨겁게 역사를 쓰고 있다.

나는 때로 그 일로 그들을 부러워하고
때로는 질투를 해보지만
그들은 나에게 눈길조차 주지 않는다.
그래도 난 지금 창을 통해 바라보며
그들의 일거수일투족을 읽는다.
빛이 움직이기 시작하자

건물마다 그림자를 길게 드리운다.
잘 가라는 신호겠지, 아니면 내일을 기약하는 것일지.
우리 모두 헤어질 시간이다.
나도 조용히 커튼을 내린다.

64. 교문은 항상 열려 있습니다

그렇지요. 학교는 이미 사람들 속으로 파고들어
길게 자리를 잡았습니다.
비록 울타리를 따라 잡초가 무성한 것이 흠이기는 하지
만
그곳이 우리 곁에 있는 것만으로도 너무 좋습니다.
날이 좀 추우면 어떻습니까.
아니 길이 좁으면 어떻습니까.
문은 열려있을 터이니 그곳으로 발길을 정한 것은
나무랄 일이 결코 아닙니다.
너도 나도 그곳으로 갑니다.
운동장을 가로질러 가장 큰 건물을 끼고
돌아서 수줍게 웃는 곳이 바로 저희 교실입니다.

오늘은 그곳에서 기품이 넘치는 소리를 교환하며
소통의 점수를 더 높일 것입니다.
역사는 역사로 말하고 과학은 과학으로 말하고
문학은 문학으로 말합니다.
그곳에 시가 있어 삶의 창에 신선함이 돋보입니다.
우리가 누구인가를 말하지 않아도
눈짓으로 알고, 마음으로 압니다.

아는 것만으로 만족하지 않지요.
우리는 그것을 느끼며 살아갑니다.
나누며 기뻐합니다.
우리는 어려서도 배우고
나이가 들어서도 배웁니다.
교문은 항상 열려 있습니다.

65. 코로나바이러스에게 고하노니

바이러스, 네 이름은 “비루스”(virus)에서 왔다지.
얼마나 독했으면 사람들이 너를 “독”이라고 했겠냐.
신대륙 원주민 800만이 천연두로 간 것이나
유럽을 휩쓴 흑사병도 너 때문이었어.

그런데 넌 다시 죽음의 사령관이 되어
우리를 맹공하고 있다.
1년 반 적은 세월에도 전사자가 260만을 넘었다.
원치 않은 죽음이니 비자발적 죽음이요 고통이 극하니
비참한 죽음이다.
앞으로 얼마나 가야 직성이 풀리겠느냐.

매일 손 마디마디에 숨었을 너를 씻어내고
간격을 넓히고 더 넓혀
너의 접근을 막으며
입과 코를 막아 너에게 틈을 내어주지 않는 것은
네가 준 큰 두려움과 공포 때문이다.
숙주로 우리 몸을 택했으면 사람을 살릴 일이지
왜 적이 되어 죽음을 선사하느냐.
그건 예의가 아니지.

오늘도 거리는 조용하고 전철의 사람들은 말이 없다.
사람도 쓰러지고,
기업도 쓰러진다.
그래도 우리는 기어이 살아남아
너의 찬탈을 비웃으며 너의 녹 쓴 왕관을 빼앗을 것이다.
도대체 누가 네게 왕관을 씌운 것이냐.
코로나바이러스에게 고하노니
이제 그 어둠의 관일랑 벗고 썩 물러가거라.

66. 오늘 만큼은 한줌 더한 사랑으로

혹시 꽃이 사랑을 한다는 말을 들어보셨나요? 꽃이 형형색색인 것은 수줍음과 기다림이 버물려졌기 때문인데 그것은 혹시나 찾아올 임을 위해 다소곳이 던지는 속삭임일터. 오늘도 '나를 사랑해주세요' 라는 손짓이 바람을 타고 날아다닙니다.

산이 제자리를 지키는 이유 역시 절대 양보할 수 없는 기다림 때문이라는 것을 아시나요? 그곳에 있지 않으면 혹시 놓칠 수 있는 기회 때문에 한 번도 엉덩이를 치켜세우며 춤을 추지 못했답니다. 그저 왔다가는 바람에 실려 온 씨앗들이 풀잎과 나무가 되어 피고지고 썩어지고 다시 자라노라면 한 세기도 후딱 지나갑니다. 그래도 산은 꼼짝도 하지 않습니다.

혹시 어제가 남긴 쪽지를 본 분 계시나요? 그것을 보았다면 다들 놀랄 것입니다. 그것엔 우리의 고집스러움을 탓하며 세상에 몹쓸 사람들이라 할까봐 걱정이 들지 않으십니까? 하지만 걱정일랑 붙들어 매십시오. 거기엔 칭찬과 그리움이 가득합니다. 떠나가면서도 우리가 보지 못한 것을 보며 기뻐한 것이지요.

다시 오지 못하는 시간은 언제나 그리움만 남습니다.

꽃의 사랑을 읽으세요. 산의 지조를 눈 여겨 보세요. 그리고 어제의 마음을 닮으세요. 오늘 만큼은 한줌 더한 사랑으로.

67. 우리의 짧지 않은 기도가 지워지지 않는 한

갑자기 주변이 어둠으로 잠기고
정체성을 더 드러내지 못해 안달하던 것들이
언제 그랬냐는 듯 몸을 숨긴다.
가슴은 놀라 긴장의 줄을 팽팽히 당기고
부릅뜬 눈은 남은 빛을 더 흡입하려 든다.
세상이 바뀌었다는 것을 안 것은 나중이었다.
총과 방망이를 든 미얀마의 군경들이
우리 집까지 침입해 올리는 만무하건만
몹시도 불안해하는 시민의 눈을 접한 뒤부터
남의 일이 아니게 되었다. 그래서 기도한다.
기도할 일이 어디 그뿐이겠냐.

오늘도 숨죽여 하늘에 호소해야만 하는 사람들
이 땅의 가슴 아픈 사연들이
우리를 깊은 어둠으로 몰아가고 있다.
하지만 누가 이길지는 머지않아 판결날 것이다.
우리의 짧지 않은 기도가 지워지지 않는 한
하늘은 응답할 것이다.
그 때 하늘 문이 열리고

빛이 쏟아지며 새 날이 열릴 것이다.
그 날 어둠은 이름표도 떼지 못한 채
죽어라, 죽어라 도망할 것이다. 땅 속으로.
그러니 섣불리 좌절할 일이 아니다.
절망할 일도 아니다.

68. 내일은 또 무슨 바람이 불까

악도 선한 척한다. 아니, 악한 자가 먼저 악한 자를 욕하며 산다. 악한 자가 없어야 세상이 밝아진다고 소리친다. 악한 자가 위선을 떨고, 선한 자가 위악을 펴면 잘 나가던 통신은 갑자기 끊기고 만다. 지구가 거꾸로 돌고 있나. 머리가 아파온다.

악한 새들이 마당을 점령하더니 자기 집이라 소리친다. 조금 전까지만 해도 햇빛만 가득한 이곳에 누가 주인 행세를 한단 말인가. 다른 새들은 나무에 올라앉아 어이없어 한다. 주인이 따로 있나 모두 잠시 있다가 떠나야 할 것뿐인데. 워워.

시간이 병사처럼 저벅저벅 걸어들어 오니 마음이 분주해진다. 지금까지 아무 일 없었는데 무슨 일일까. 그래 악한 자 떠나고, 새들도 떠나고, 시간도 문 닫고 가면 좀 나아지려나. 아니, 조용해지려나. 외진 이곳에 황사가 몰려온다. 내일은 또 무슨 바람이 불까.

69. 그렇다면 한 번 생각해봐

딩동, 하늘로부터 소식 한 줄이 도착했다.
숨죽이고 들어온 것이어서 실눈으로 읽었다.
그런데 끝 문장 하나에 눈이 확 뜨인다.
지금까지 들어본 말이 아니기에 더 놀랍다.
차라리 사랑한다, 고맙다 했으면 그냥 지나쳤을 것이다.
그것으로 마음을 덥석 열 나이가 아니니까.
그 끝에 눈물 방울방울 묻어있어 감동이 크지 않았겠나.
그것이 무엇이냐고 묻지 마라.
아무에게나 보이고 싶지 않은 비밀문서니까.
그 소식은 부활의 아침에 왔다.
내일조차 밝히 보이지 않을 만큼 불안할 때
혹시 공격당하지 않을까 두려울 때
그 모든 의문을 일시에 중지시킬 한마디 말로.
어쩌면 그것은 내가 평생 기다려온 답이었을지 모르지.
그것이 오늘 도착한 것 아니겠나.
궁금하지. 그렇다면 한 번 생각해봐.
지금 어떤 삶을 살아야 하는가를.
그것이 싹을 내기 시작한 거야. 눈물로.
그러니 두려워말게. 그는 우리와 함께 갈 걸세.
그 어떤 내일이라 할지라도.

70. 너의 찬란함에 해도 얼굴을 가리고

모든 것이 허물어지는 상황 속에서
사자가 살 수 있는 길은
구차하게 생명을 구걸하는 것이 아니라
당당히 나아가 고함을 치는 것이다.
천지가 그 소리에 응답할 때
쩌렁한 기개에 놀라 무릎을 꿇게 될 것이다.
그래 네가 살아있다는 것을 보여주어라.
그게 사자니라.

고통을 호소해야만 하는 자리에서
차마 입을 열지 못하겠다면
곧게 뻗은 길로 나아가 숨차게 뛰어라.
가야할 길이 보이고
심장이 그 고통을 누르고 짓이기면
모든 것이 새롭게 정렬되고
다시 시작하게 될 것이다.
그게 삶이니라.

오늘을 보내면 내일이 찾아올 것이다.
그 날은 그 날의 것이니 그를 기쁘게 맞으라.

당당하게 시작하고 씩씩하게 걸어가라.
비굴함을 벗어던지고 새 옷을 입으라.
너의 찬란함에 해도 얼굴을 가리고
구름도 멀리 도망할 것이다.
지금은 너의 때이니
화려한 몸짓으로 걸어가라.
그게 너이니라.

71. 시 한 줄 얹어 한 상 차려드릴 것이니

오늘 내가 시 한 줄 남기기로 한 것은
삶을 아름답게 담기 위함이다.
해는 순간을 위해 빛을 더 발하고 폭발하며
낮은 길지 않은 시간을 아끼기 위해
졸지 않고 나를 향해 선언한다.
어깨에 둘린 띠가 바람에 펄럭일 때
세상은 조금씩 일렁인다.
파도가 연이어 해변을 강타하는 것은
나의 잠을 깨우려는 것이지.
그래, 하늘은 우리에게 오늘을 허락하였고
우린 창조의 사명을 부여받았으니
어제처럼 오늘을 살 수 없을 터.
기억에 남을 생각과 다소 생소한 것을 버무려
오늘을 맛있게 하리라.
그래, 시 한 줄 얹어 한 상 차려드릴 것이니
점심에 꼭 납시오.

72. 문을 나서기 전

새벽
문을 나서기 전 아내가 머리 숙여 기도한다.
"은혜를 가볍게 여기는 자 되지 않게 하옵소서."
순간 가슴이 뭉클해진다.
그렇습니다. 주님.

그리고 고백한다.
"우리가 아직 죄인 되었을 때
주님은 우리를 위해 죽으셨나이다.
우리를 자유하게 하시고
주의 자녀 삼으셨나이다."
그렇습니다. 주님.

이 아침
주님의 임재를 사모합니다.
은혜 위에 은혜를 더 하시옵소서.

73. 그렇게 해서라도 모두가 좋아할 수 있다면

어디선가 익숙지 않은 소리가 들려온다.
이따금 높은 옥타브가 담을 넘는다.
몇 마리 새들도 가지에 걸터앉아 순간을 즐긴다.
음도 기분이 좋은지 자꾸 오선지 밖을 넘나든다.
오늘 같은 날엔 하늘에 부탁해
차 한 잔쯤 돌리고 싶은데
주머니가 가벼워 주문할 수 없다.
그렇다고 그만 둘 내가 아니지.
천국 가서 갚겠노라 후불을 약속한다.
그렇게 해서라도 모두가 좋아할 수 있다면
가난은 결코 가난한 것이 아니리라.

나도 코트와 모자 벗어놓고
온 몸으로 봄볕을 맞으며 소리를 따라 간다.
그 유혹을 마다하지 않는 사람들이 줄을 잇는다.
그럴 땐 손잡고 함께 노래 부르는 것이 좋지 않겠느냐.
얘야, 우리가 언제 마음 놓고 실컷 뛰 논 적 있느냐
오늘 한 자리 마련했으니 괘념치 말거라.

74. 그의 가슴에 큰 별을 달아주고 싶습니다

별은 낮에 몸을 숨깁니다. 낮엔 너도 나도 자랑하기 때문이지요. 그러나 칠흑 같은 어둠에 무리 지어 등장합니다. 하늘에 뿌린 모래처럼, 반짝이는 들꽃처럼 너무 황홀합니다. 아무도 감히 그 꽃을 따려하지 않습니다.
별은 도시에 얼굴을 보이지 않습니다. 매연이 질투를 하고 뽐내는 자들이 많기 때문이지요. 깊은 산골짝, 아무도 없는 곳에 혼자 오라 합니다. 그곳에 숨어들면 어느 새 쏟아질듯 밝은 신호를 보냅니다.

우리도 지구라는 별에 살지요. 그쪽에서 보면 지구도 그저 작은 별이지요. 그 좁은 터에서 왜 등터져라 싸우는지 알 수 없습니다. 지구를 몽땅 차지하고 싶은 욕심꾸러기 때문일까요. 별은 땅 한 평 판적 없습니다.

마음이 가난한 사람들은 오늘도 별을 찾습니다. 별은 입으로 말하지 않아도 눈빛으로 토합니다. 욕심을 버리세요. 반짝이세요. 사랑하세요. 오늘은 별이 선생이 되었습니다. 그의 가슴에 큰 별을 달아주고 싶습니다. 더 초롱초롱하게.

75. 바람이 나의 금모래를 훔친다 해도

오늘은 결코 슬픔을 말하지 않겠다.
그것을 기록으로 남기지 않고
과거의 것도 몰래 꺼내보지 않겠다.
그 모든 것을 저 땅 아래에 묻거나
공중에 흩어 나의 것으로 삼지 않겠다.
그것이 어느 날 비에 섞여 내린다 해도
눈여겨보거나 회상하며 눈물 흘리지 않겠다.
나는 용사니까.

오늘은 광활한 대지에 가슴 저리는 기쁨을 심겠다.
꼭 찾아보고 싶어 할 기대로 아침 해처럼 떠서
날이 기울어도 놓치고 싶지 않은 가치가 되어
영광으로 가득할 하루를 만들겠다.
그 때 두 손 들어 너의 방문을 환영하리라.
설혹 발길이 툭 끊긴다 해도 감사하며
바람이 나의 금모래를 훔친다 해도
조금도 걱정하지 않으리라.
나는 용사니까.

76. 살아났으니 그것으로 답이 되었다

소리를 질러봤지만 아무도 듣지 않았다.
메아리조차 관심이 없는 듯 숨을 죽이고 있다.
그래도 잊을만하면 신음소리를 낸다.
그는 그렇게 가는가 싶었다.
세월이 느리게 지난 후
죽었나 싶었던 그의 소리가 기적처럼 살아났다.
옆에서 박수 치는 일도 늘어났다.
어떤 이는 입에 넣은 밥이 곤두 설 일이라 한다.
얼마나 놀랐으면 그런 말을 했겠나.
나도 어찌된 일이냐 묻고 싶은 데
시원한 대답을 줄 것 같지 않다.
옛 버릇대로 비시시 웃고 말겠지.
대답을 얻은들 뭐에 쓰게
아무렴, 살아났으니 그것으로 답이 되었다.
내가 뭐랬나. 한두 번 구르는 것으로 끝내지 말고
천 번이고 만 번이고 구르라 하지 않았나.
세상이 바뀌었으니
암, 이젠 두 손 깍지 끼고 누워
크게 웃을 수 있게 되었네 그려.
마음 놓고 소리쳐 보게나. 메아리도 곧 답을 줄 걸세.

77. 삶은 누구에게나 가치가 있는 게야

기다림은 무엇이 길어서 기다림이 되었을까
시간을 덧붙이다 못해 자꾸만 늘리려다 혼이 난 것이겠
지.
지질한 연속극을 누가 좋아하겠어.
그냥 쓰레기통에 집어넣겠지.
하지만 질긴 인생을 건 사람도 있다.
삶을 배운 적이 없는데
처음부터 그 속에 내동댕이쳐지고
그 고장 난 소용돌이에서 얼마나 물을 먹었는가.
살아남는 것만으로도 기적이지.
그것을 참아내지 못하면 배를 곪는데
어찌 하겠어. 입을 꽉 물어야 지.
사랑 한다 선언하던 것들도 배반하고
황홀한 거리로 도망해버렸지.
그는 입을 다물고 삶을 다시 살아냈지.

그러던 어느 날 정말 땅과 하늘이 뒤집히는 일이
일어나고 말았지. 놀라지 마.
천사가 왕관을 들고 찾아온 거야.
아무도 그를 찾으리라 생각하지 않았지.

하지만 천사는 똑똑히 그의 이름을 불렀다.
그 왕관은 하늘이 내린 상이었어.
그가 그 상을 기다렸느냐고?

아니지. 그는 그 어느 것도 기다린 적이 없어.
삶이 고달픈 그에게 기다림은 사치 아니겠나.
기다린 쪽은 오히려 천사였어. 이 아름다운 순간을.
그는 그만 눈물을 흘리고 말았지. 초롱초롱한 눈물을.
그러니 참고 기다리게.
삶은 누구에게나 가치가 있는 게야.

78. 화평을 심는 것엔 파란 등을 켜리라

오래 된 시골집 기와 담에 봄볕이 스며든다.
사이사이에 숨어 있던 풀들이
일시에 하늘을 향해 고개를 쳐든다.
누가 뭐래든 꽃을 피우려는 준비는 이미 되었다.
삶은 생존이다.

나는 오늘 약속이 있다.
상대와 맺은 것이 아니니 약속이랄 것은 없다.
바로 말하자면 좋은 생각과의 만남이다.
그것이 무엇인지 나는 모른다.
하지만 빛이 소리 없이 찾아올 때
그것도 내 속에서 꽃을 피우리라 믿는다.

나는 거창한 담도 아니고
삶을 위한 어떤 장기도 없다.
그래도 그를 붙잡고 있으면 살맛이 날 것 같다.
숨 쉬기조차 어려운 이 비루한 세상에서
넌 나에게 하늘이 내려준 성물이다.

내 널 고이 간직하지 않으면 누가 그러겠느냐.
건방진 생각,
배려 없는 것들은 아예 올 생각도 하지 마라.
올곧은 생각, 화평을 심는 것엔 파란 등을 켜리라.

79. 내가 너의 손을 놓을 때까지

세상에 그리되었단 말이지.
전혀 상상이 안 되는 것이 순간을 타고 내려와
나는 그만 덥석 그의 손을 잡고 말았다.
나의 감탄과 경이가 무슨 도움이 될까만
그래도 겸손하게 감사하며
함께 해서 좋다 하니 더 좋은 일 아닌가.
그렇게 꿈꾸던 일이 비밀처럼 열리며
전혀 움직이지 않던 바람개비가
정신없이 돌아가는 날
세상에 이런 일도 있나 싶어 볼을 꼬집어본다.
이쯤해서 그것이 무엇인가를 고백하고 싶지만
그것이 또 나비처럼 날아가 버릴 것 같아
참기로 했다.
어제 날개가 부러진 천사가 땅에 떨어져
머리가 깨지고 다리가 부러진 그림을 보았지.
아, 그 천사 얼마나 고민이 많을까.
하지만 그 모습이라도 좋으니 우리 곁에 있어라.
바로 그런 심정이다.
꿈이라면 깨지 마라.
내가 너의 손을 놓을 때까지.

80. 그래야 나도 숨 한 번 제대로 쉬지 않겠느냐

바람아, 그만 화를 거두어라.
네 콧김에 나무 등골 휘어지고 옷 날라 가겠다.
행여나 그 연한 팔, 다리 부러지면
어찌 긴 세월 혼자 이길 수 있겠느냐.

바람아, 이곳에서만 놀지 말고
하늘에 올라 구름 타고 별나라도 다녀오너라.
그곳 소식 쏠쏠히 전해주면
어찌 나도 눈 크게 뜨지 않겠느냐.

바람아, 미세먼지 따윈 보이는 대로 밀어내고
내 안에 숨은 황사도 깨끗이 몰아내
세상을 맑고 바르게 하여라.
그래야 나도 숨 한 번 제대로 쉬지 않겠느냐

81. 오늘 그들을 예우하지 않으면

그동안 널브러졌던 쓰레기들이 모두 실려 나갔다. 그럴 땐 무슨 노래를 불러야 할까? 미화원 아저씨는 너무 많은 양에 놀라 한참이나 우두커니 서 있었다. 그가 없다면 우린 깨끗함과 거리를 두며 살아야 하겠지. 감사할 건 감사하자. 시장님, 그분들 월급 몽땅 올려줘요.

동네 수준을 알려면 쓰레기를 보면 돼. 구름을 타고 다니면 뭐해. 별을 따 자랑하면 뭐해. 자기 쓰레기도 감당 못하는데 뭘 기대하겠어. 어제는 음식물로 범벅된 그들이 소리를 질러댔지. “너희들, 너무 한 것 아니야? 마음이 온통 검어요. 검어.”

길을 걷다 쓰레기를 우대하는 동네를 보면 기분이 좋아. 쓰레기라고 다 쓰레기가 아니지. 그들도 존중 받아야 할 가치가 충분해. 그들이 대란을 일으키면 어떻게 되는지 알지. 오늘 그들을 예우하지 않으면 내일 우리는 그들의 지배를 받게 될 거야. 그러니 있을 때 잘해주자고.

한번 만 더 생각해봐. 그들은 처음부터 쓰레기가 아니었어. 원래 존중받는 물건이었지. 그런데 버려진 거야. 용

도페기라나. 그 때 얼마나 비참했겠어. 인간들, 그러면 못써. 그 마음을 안 사람들은 깨끗한 봉투에 입관시킨다. 마지막 가는 길에 우리가 줄 수 있는 최소한의 예우지.

그들은 마냥 버리고 치우는 존재가 아니야. 끝까지 같이 가야 할 친구지. 암, 그러고 말고. 그러니 그들을 화나게 하지 마. 우울하게도 하지 마. 쓰레기도 품격이 있다고.

82. 라 섬에는 시간도 느리게 간다

라 섬에는 시간도 느리게 간다.
파도가 바늘을 대신하는 데
너무 느린 몸짓에 초침도 놀라는 눈치다.
그 사이 고기들이 시간을 꿀꺽꿀꺽 삼킨다.
나조차 시간을 잃었다.
모두 바누아투 식이다.
그저 빛을 읽으면 된다.

라 섬을 떠날 땐 이별도 길다.
몇 안 되는 동네 사람 모두 줄 지어 나와
나름대로 최고의 작별인사를 건넨다.
깊어가는 정 때문에 떠나는 걸음이 무겁다.

바자우 족 사람을 만나 시간을 물었다.
그런데 그는 라 섬사람보다 더하다.
전 시간이 뭔지 몰라요.
오늘이 무슨 날인지 몰라요.
나이도 몇 살인지 몰라요.
그래도 행복하다는 듯 웃는다.

갑자기 내가 부끄러워지기 시작했다.
너무 알려 하지 않았는지
너무 가지려 하지 않았는지.
시간을 꽉 쥔 손을 서서히 풀어본다.

83. 간다, 간다, 간다

간다, 간다, 간다.
머리에 앉은 꿈같은 말들이 봄바람에 밀려간다.
파도는 넓게 손을 벌리며
하나라도 더 많이 걷어가려 한다.
그것을 뭐에 쓰려는지 알 수 없지만
거품을 내며 게걸스럽게 삼키는 것 보면
제법 쓸모가 있는 것이 확실하다.
사람들이 잠든 그 시간에도 작업은 그치지 않으니
바다의 거친 소망을 누가 따라 잡을까.

간다, 간다, 간다.
밤새 마음 한 구석에 세워둔 생각들이
풍선처럼 하늘 높이 떠간다.
서러워하지 말거라.
굳이 말할 수 없을 때도 있느니라.
아니, 말하지 않아야 할 때도 있느니라.
붙잡지 않는다 해도 사랑하지 않는 것이 아니요
붙잡는다 해도 사랑 때문은 아니니라.
그 마음을 아니 가는 것 아니겠나.
그러니 가도록 해라. 붙잡지 마라.

간다, 간다, 간다.
내가 간다.
간다, 간다. 간다.
네가 간다.

84. 하늘이 나의 손을 잡을 때

오늘은 오르자.
두 손 들어 구름을 붙잡아도 좋고
하늘 바다로 풍덩 빠져도 좋다.
어찌 되었든 어둠의 땅에서 벗어나는 자유 때문에
잠을 이루지 못할 것이다.

오늘은 기어코 오르자.
그제도 실패했고
어제도 실패했을지라도
오늘은 내사 모든 것을 걸어
너를 붙잡으리라.

잎을 붙들면 바람에 날릴 것이고
풍선을 쥐면 가지에 걸릴지 모른다.
모든 시선을 너에게 맞추고
나의 오늘을 소중하고 경건하게 담아
너에게 달려갈 것이다.

하늘이 나의 손을 잡을 때가 있지 않겠느냐
그 땐 결코 그 손을 놓지 않으리라.
꿈에서라도.

85. 창밖에 빛이 어른거린다

창문 사이로 바람만 들어오는 것이 아니다.
벌레도 들어오고 먼지도 들어온다.
매일 빛이 찾아오지만
눈 여겨 보는 이 없어 신경 쓰지 않았다.
그래도 그만큼 고마울 데가 없는데
내가 너무 칭찬에 인색했나 보다.
아내가 아침에 들은 말이라며
제주에 결혼 구십 주년 맞은 노부부 얘기를 꺼낸다.
열 셋, 열여섯 살에 결혼한 그 부부는 백세를 훌쩍 넘겼다.
이 아침 이 얘기가 우리 집 문턱을 넘어 들어왔으니
오늘 하루 얼마나 많은 얘기들이 더 들어올지 모르겠다.
아내는 우리 결혼 육십 주년 얼마 남았는지 세어본다.
그래 그 분들 재미있게 사셨나?
슴슴하게 살았데요.
하지만 어떤 경우에도 독한 말은 하지 않았데요.
그래 독한 말은 하지 말아야지. 암, 그렇고말고.
창밖에 빛이 어른거린다.

86. 넌 그대로가 좋아

그곳엔 아직 이름표가 달리지 않았다.
우람한 모습으로 선을 뵌 지 오래건만
아무도 이름을 부르려 하지 않으니
조금 서운한 구석이 보일 것 같은데
애써 아무렇지 않은 모습에 마음이 더 쓰인다.
그래도 이따금 발걸음이 뜨고
밤이면 불을 켜는 방들이 있어
사는 냄새가 묻어난다.
지금 반은 채웠으니
좀 더 기다리면 바람이 식구를 몰고 와
왁자지껄하지 않겠느냐.
처음 이 동굴 같은 공간에서
홀로 지날 땐 얼마나 무서워했는가.
그래도 함께 하고 싶어 한 소원들이
한 둘 명함을 내밀 때
그것을 덥석 받아들이기를 잘 했지.
식구들은 그렇게 늘어가는 거야.
그러다 보면 서로 이름을 부르게 될 거고
네 이름도 생기지 않겠느냐.
넌 처음부터 고고하게 서 있었으니

끝까지 그 자리를 지키는 것이 좋을 거야.
이름이 중요한 것이 아니야.
네 위엄이 더 커 보여.
그러니 네 값어치를 깎으려 하지 마.
넌 그대로가 좋아.

87. 이 아름다운 아침에

새야, 여기를 봐다오.
뭔가 달라진 것이 없나.
밤새 빙하처럼 떨어져 나간 생각의 조각들이
멀리 가지 못하고 주위를 맴돌고 있을 것이야.
세월을 거치며 베인 깊은 상처 때문에
아물 시간이 필요할 터이니
관용의 약을 듬뿍 발라 주렴.
마지막 인사를 하거든 축복의 말을 잊지 마라.

새야, 칭찬을 아끼지 마라.
심지어 너 자신에게도.
너야말로 본능적으로 피리를 흉내 내지만
자신의 소리를 낸 적이 없다.
이젠 네 소리를 꺼내 세상을 향해 외치는 거야.
그 소리에 놀라는 한 가지 이유가 있지.
바로 네 찐 소리이기 때문이다.
그 때 멀리 가려던 생각도
다시 너에게 돌아오고 싶어 할 거야.
그럼 난 박수를 쳐야지.
이 아름다운 아침에.

88. 평생 나와 함께 할 병기가 있다면

평생 나와 함께 할 병기가 있다면
그것은 칼이 아니라 손이다.
널 가리켜 인류의 원초적 비밀을 간직했다 어쩐다 하지
만
그런 어려운 말일랑 묻어두고
가려우면 긁어줄 친구로 두고 싶다.
두 손 중 하나는 나를 위해 쓰고
다른 하나는 도움이 절실한 이에게 빌려줄 수 있으니
상생의 손이 아닐 수 없다.

의문이 나면 너를 들어 물어볼 수 있어 좋고
감동이 일면 손뼉을 치면 된다.
그런 소통 도구가 또 어디에 있나.
경제도 네 손에 잡히면 숨을 죽이고
정치도 큰 소리 치지 못한다 하니
세상에 그런 장군이 없다.
허나 손에 힘이 빠지면 모두 놓을 수밖에 없을 터이니
오늘 너를 불러 거나하게 한 상 내 주리라.
지극 정성 담았으니
도망갈 생각 말고 평생 내 곁에 살기 바란다.

89. 밤하늘에 가득한 별들을 보기 전까지는

별이 물방울이라는 생각은 해보지 못했다.
밤하늘에 가득한 별들을 보기 전까지는.
커튼을 열어젖히자
갑자기 헤아릴 수 없는 수의 물방울이 눈앞에 펼쳐졌다.
그 찬란한 눈짓을 무엇으로 말하리.
그 때 나도 기뻐 방울방울 떨어지는 눈물이 되었다.

사람이 물방울이라는 생각은 해보지 못했다.
청순한 아이들의 눈을 보기 전까지는.
운동장을 메운 아이들의 오색 웃음이 한꺼번에 터지자
경이가 순간적으로 나를 압도한다.
그 초롱초롱한 눈빛을 무엇으로 말하리.
갑자기 천둥 물방울이 되어 수직으로 쏟아진다.
가슴에 달린 리본이 감격한 나머지 마구 몸을 흔든다.

오늘은 은하계의 별들이 말을 건다.
아이들이 웃음으로 화답한다.
그 모습에 나도 눈물이 난다.
암, 세상은 그렇게 되어야 하고말고.

90. 혹시 나 몰래 이민 간 것은 아니겠지

몇 년 전부터 사람들이 말하기 시작했어.
음악은 듣는 것이 아니라 보는 것이고
미술은 보는 것이 아니고 맛보는 것이라고.
발상의 전환이래나 뭐래나.

그래서 가끔 이런 생각을 해봐.
이젠 하늘을 날아다니던 꿈을 실현할 때라고.
신나게 산과 숲 위를 날고
하늘 높이 치솟아 오르고
얼마나 좋았는데. 그런데 그것이 꿈이었어.

요샌 그런 꿈이 자취를 감추었는데
그 녀석도 실망해서 그런 것 아닐까 싶어.
이젠 그를 아무 때나 불러 친구 삼고
이곳저곳 다니며 옛 얘기 나누고
그 땐 왜 그랬느냐 묻기도 하고
그것이 삶이 아니겠어.

그런데 그 녀석 콧방맹이도 안 보이니
어디서 찾을까.
혹시 나 몰래 이민 간 것은 아니겠지.

91. 내일은 네 손 꼭 잡고

세상은 그렇게 호락호락하지 않지.
배려가 몸을 숨기면 의지할 곳 없어
모두 허공을 바라보게 될 거야.
하늘이 그토록 넓은 것은 다 이유가 있지.

조금만 다듬어 말을 하면
모두의 얼굴에 꽃이 필터인데
인색하기 그지없으니 마음 밭이 자꾸 거칠어 간다.

이럴 땐 들로 나가 혼자서 길을 걷는다.
조금만 나서도 풀은 뙤약볕 아래서 꽃을 낸다.
흰 이, 분홍 이 드러내며 방긋방긋 웃는 모습에
나도 몰래 물들어간다.

너는 늘 그 자리에 서 있고
비바람 견디며 하늘을 향해 기도를 하고 있으니
어찌 그 기도를 외면할 수 있겠느냐.

때론 관심이 새 옷을 입고
네 마음을 하나 둘 읽으려는 순간이 있어

살맛나는 것 아니겠느냐.

들꽃아, 더 이상 외로워하지 마라.
하늘이 있고, 내가 있으니
내일은 네 손 꼭 잡고 천리 길을 가리라.

92. 당신이 있어

당신은 말이 없어도
일어나면 제일 먼저 함께 하고 싶은 분입니다.
당신은 말하지 않아도
우리에게 이 아침을 선사한 분이지요.
오늘을 경이로 열고 감사로 마감할 수 있게 해주는 것도
당신인 것을 몸으로 압니다.
받은 것에 비해
드릴 수 있는 것이 너무 적어 미안하기 그지없는데
한 번도 나무라는 법이 없으시니
당신의 마음은 너무 넓고 끝이 보이지 않습니다.

그럼에도 불구하고
늘 빛으로 우리 마음에 깃든 어둔 그림자를 지우고
오늘도 광야에 선 우리를 다독이십니다.
당신이 있어
우리는 설 수 있고 걸을 수 있습니다.
당신이 있어
숨 깊이 들이 마시며 힘을 낼 수 있습니다.
이 맑고 고요한 시간을 당신께 드리기 원합니다.

오늘도 한 걸음 더 당신께 가까이 나아가기를 원합니다.
이 야윈 손이 당신의 손을 붙잡게 하소서.
근심 걱정 모든 짐 내려놓고
당신의 날개 아래 거하게 하소서.

93. 고대했던 벼이삭을 볼 날이 있지 않겠는가

자네 기어이 새벽을 뚫고 왔네 그려.
기척도 없이 찾아온 너를 어떻게 맞을까.
어떤 이는 마당에 선을 굵게 긋는 날이니
잘 왔다 할 것이고
어떤 이는 고개를 절레절레 흔들며
하필 이 때냐 하겠지.
하지만 잘 왔네. 자네가 왔다는 것만으로도 기쁘이.
함께 자리한다는 것만으로도 얼마나 멋진 일인가.

그래 자네가 스물에 아홉을 더한 나이가 되었으니
누가 뭐래도 장성한 청년 아닌가.
그런데 무슨 연고로 보따리 싸들고 새벽을 가른 건가.
이젠 독립할 나이가 되었다고 선언할 텐가
아니면 동정할 줄 모르는 세상을 탓하며
야속타 할 것인가.
다들 눈여겨 자네를 볼 것이니 자중자애하게.

다른 사람들이 마당에 들어온다고 해서 겁내지 말게.
먼저 인사하고, 악수를 하면 먼 마음도 가까워질 걸세.

자네가 삼십이 되고, 사십을 넘으면
고대했던 벼이삭을 볼 날이 있지 않겠는가.
사과배 열리던 밭에 아파트가 들어선다 해도
놀라지 말게. 자넨 더 익어가고 있을 터이니.

94. 네가 그토록 그리워하던 것 아니었나

이곳에 들어온 지 몇 해나 되었나. 손꼽아보게.
지금까지 살아본 뜬세상과는 전혀 달라.
바다는 하늘 저편에도 있고
땅은 너무 부드러워 내가 밟고 선 느낌이 들지 않아.
다 서로를 배려한 것이라는 데
하여튼 달라도 너무 달라 뭐라 설명해야 할지 모르겠다.
우선 이곳에는 식사라는 것이 없어.
신선한 공기를 들이키는 것만으로 충분하고
생각만 해도 모두 움직여 받드는 것 같아.
정확히 말하면 존중받는 느낌 같은 것.
나도 최소한 그보다 더한 정성으로 배려해야 해.
이곳은 공평한 세상이거든.
따로 학교에 갈 필요도 없어.
모두가 모범인데 뭘 가르치겠어.
제대로 사는 것이니 따로 연습할 것도 없지.
전쟁? 그 따위 말은 존재하지도 않아.
미움, 시기, 거짓, 속임 그런 것도 없어.
죄라는 것도 없고 범법자도 없으니
재판도 필요 없고 감옥도 없어.
내가 말했잖아. 지금까지 살아온 세상과는 다르다고.

행복하냐고? 여긴 행복이란 단어도 없어.
삶 자체가 워낙 그런 거니까.
그럼, 지겹지 않느냐고?
그런 생각도 할 필요가 없어.
여긴 어느 누구를 묶으려는 사람이 없으니까.
모든 것은 자유야, 완전한 자유
네가 그토록 그리워하던 것 아니었나.

95. 자네도 시 한 상 받게나

비는 바람을 몰고 나를 찾았다.
나는 소파에 앉아 시를 마시고 있다.
들썩한 바깥과 조용한 내실이
창문 하나로 팽팽히 맞서고 있다.

이 여름에 내가 할 수 있는 일은
이따금 바람에 밀려 손짓하는 가지와
방금 읽은 낡은 시구 사이를
숨 깊게 들이키며 걷는 것이다. 조심, 조심

모두가 잠든 시간이 오면
하늘에 긴 장대 하나 세우면 어떨까
그 끝에 붓을 달아 휘저어보리라.
빗물을 먹 삼아 밤을 새워도 좋고
잔바람을 친구 삼아 춤을 춰도 좋으리라.

애써 시를 살 사람도 없고
시를 팔아 팔자 고칠 것도 아닌데
그까짓 시를 써서 뭐하냐는 사람도 있겠지만
하늘에 시 한 줄 넓게 걸어놓고 싶다.

그렇다고 위대한 시 어쩌고 하지 마라.
그저 된장 내 나는 시골반찬이니
그것으로 만족할 것이다.
자네도 시 한 상 받게나. 자, 자.

96. 이래봬도 난 열무니라

소금에 절이고 고춧가루에 익혀
아주 찍소리 못할 줄 알았더냐.
이래봬도 난 끝까지 아삭아삭한 열무니라.

입에서 터지고 씹히고 잘리면
본데까지 잃어버릴 줄 알았느냐.
이래봬도 난 끝까지 줄기를 남기는 열무니라.

세상이 검게 변하고 하늘이 큰소리치면
나까지 쓰러져 눈물 흘릴 줄 알았느냐.
이래봬도 난 끝까지 파랗게 살아남을 열무니라.

97. 너를 보며 하루를 아름답게 접는다

해가 서산을 넘을 때
왜 자꾸만 하늘을 붉게 물들일까
그것은 분명 저 동편에선 여명임이 분명한데
오늘따라 해의 뒷자락이 수상하다.
바람난 여인의 스카프처럼 흔들리기도 하고
차마 손을 놓지 못하고 눈물 흘리는 여인 같기고 하고
하늘에 색 먼지 일으키며 줄행랑 놓는 도망자 같기도 하고
하여간 속내를 알 수 없는데
그 기묘한 웃음을 어찌 다 해석할 수 있을까.
멀찍이 앉아 인생의 마지막 장면을 비교해가며
영화처럼 보고 있자니
온 하늘을 붉게 물들일 정도로 강한 네가 부러워진다.
그래 이 땅에서 마지막 빛을 발할 때
저 세상에선 찬란하게 비치는 아침이 시작될 것이니
내 어찌 너에게 감사치 않으랴.
너를 보며 하루를 아름답게 접는다.
더 큰 소망을 바라보며.

98. 구름 기차를 타고 쪽빛 하늘을 가로지른다

구름이 말을 걸어온다.
토실한 언어가 나를 포위한다.
나를 하늘 강가로 밀고 가더니
행선지도 모르는 나에게 하얀 쪽지를 건넨다.
차표도 아닐 진데 어디를 어떻게 가라는 말인가.
당황한 찰라 순간적으로 빨아올린다.
나는 이미 구름 기차를 타고 쪽빛 하늘을 가로지른다.
까짓 주소를 모른들 대수냐
누가 노려본들 마음 상할 일 없으니 가자.
가능하면 네 등에 올라 더 높이, 더 멀리 가고 싶다.
하지만 되돌아올 일을 생각하면
그렇게 욕심 낼 일도 아니지.
가다가 배고프면 어쩌나 싶지만
네가 자주자주 건넨 말이 허기를 채운다.
나도 네 빈자리 살펴 사랑으로 메워 줄 것이다.
애야, 무엇이 그리워 하늘을 쳐다보는가.
구름에게 말을 건네 보렴.

99. 주님은 그렇게 오십니다

주님은 그렇게 오십니다.
수요일 밤 예배 시간에
그것도 비가 철철 쏟아지는 날
그 듬성듬성한 자리에 조용히 앉아계십니다.

주님은 그렇게 오십니다.
비천한 자가 부끄럽게 손을 펼 때
아무도 보지 않는 데도
그 손을 잡아주시며 함께 우십니다.

주님은 그렇게 오십니다,
가슴 아파 어찌할 수 없는 날
관심조차 관심을 주지 않아 서러운 때
바라보고 또 바라보며 안아주십니다.

주님은 그렇게 오십니다.
길이 멀고 험해 자꾸만 포기하고 싶은 날
희망이 보이지 않아 지쳐 쓰러진 때
떡을 먹이시며 우리를 다시 일으켜 세우십니다.

100. 놀란 나머지 얼른 그의 팔을 붙잡았다

딜레마가 입을 다문 이유가 다 있지.
찬성과 반대가 맞서기 때문 아니겠나.
생각을 달리한다는 한 가지 이유로
사람들은 서로 손을 높이 들고 볼륨을 높인다.
문제가 싫은 건지, 사람이 싫은 건지 아무도 몰라.
어쨌든 무슨 수로 상대를 꺾을 수 있을까.
그 때 딜레마는 외운다. "아, 주여."

며칠 후 심판관을 거리에서 만났다.
궁금증이 그만 연거푸 질문을 던진다.
"그래서 어떻게 되었나요? 딜레마는 살아있나요?"
네, 건너 숲에 잠시 몸을 숨겼지요.
소용돌이치는 물소리 때문에 오래 견디진 못할 겁니다.
어떻게든 결론은 나겠지요.
어떤 이는 시간에 맡겨두자고 합니다.

잊을 만한 어느 날이었지.
갑자기 딜레마가 저벅저벅 걸어가고 있다.
놀란 나머지 얼른 그의 팔을 붙잡았다.

"어떻게 됐나요?"
"아, 그거요? 문제 자체가 없어졌어요.
기다리다 숨을 거두었어요."

듣자마자 목 아래서 소리가 치고 올라온다.
"문제가 죽었네.
그러게, 죽을 일을 왜 시작했지?"
딜레마는 살아있다.

101. 그리하지 않고 싶거들랑

건성 건성하려면 악수하지 마라.
손 내미는 사람은 그 시간을 중히 여기느니라.
시선을 바로 하고, 그 순간 그 사람만 바라보라.
사랑이 충만한 눈으로.

여기저기 집적거리면서 그리워한다 하지 마라.
그리움은 언제나 혼자서 사랑을 받고자 하느니라.
마음을 그에게 고정시키고 그 사람만 바라보라.
당신이 아니면 죽겠다며.

해는 오늘도 나만 바라보며 빛을 발하고
바람은 나를 향해 전속력으로 날아온다.
그러니 너도 다른 사람에게 그리해야 하지 않겠느냐.
이 순간 나는 오직 너를 향해 있어.

그리하지 않고 싶거들랑
아예, 그립다 하지 마라.
손도 내밀지 마라.
차라리 그냥 지나가라.

102. 아무래도 오늘 날씨를 데리고

오늘 날씨는 제 정신이 아니다.
아침엔 뭐가 서러운지
한참이나 눈물 뿌리며 울더니
정오엔 언제 그랬느냐는 듯 해가 뜨겁다.
그 웃음이 너무 밝아 한 여름이 왔나 싶다.
조금 경사진 골목길이 나를 놀린다.
그래 걸어와 봐. 다리도 점점 무거워진다.
힘들다. 힘들어.
어휴, 햇볕은 왜 그리 따가운지.
우산을 양산처럼 썼다.
서재에 앉아 창문을 여니
또 우두둑, 우두둑, 창을 두드린다.
빗물이 길을 내며 흘러내린다.
파랗게 칠한 옆집 시멘트 지붕이
금방 늪지대로 변한다.
장대비가 그 늪을 휘젓고 지나간다.
어이, 어이, 어이.
아무래도 오늘 날씨를 데리고
정신병원에 가봐야겠다.

103. 그것이 기쁨인 것을 우린 비로소 배운다

사바나의 기린이 긴 목을 이기지 못하고 쓰러진 것은 꼭 사자들의 공격 때문은 아니었다. 강한 건조가 그의 생명을 앗아갔다. 그의 친구들도 누구 먼저라 할 것 없이 손을 들고 말았지. 그래서 사바나가 무섭다. 그래서 누구도 이따금 하늘나라 갈 날이 멀지 않았다 하고 그 때마다 놀란 동료들은 그의 입을 막으며 소리친다. 무슨 소리를 하는 거야. 할 소리를 해야지. 뭐가 무서운데. 사자? 그도 여기선 힘을 못 써. 그 말을 하면서도 두려움은 떠나지 않는다. 별 수 있나.

아직 철이 덜든 새끼 얼룩말들이 설칠 때마다 어른들은 지금이 가장 좋은 때이니 실컷 떠들라며 자리를 내준다. 이 동네의 생리를 알게 될 즈음엔 풀조차 신음하며 죽어가는 것이 첫 신호가 된다는 것을 알게 되겠지. 그 때까진 발랄함을 잊지 마라. 풋풋함에 하늘도 놀라 자비를 베풀지 누가 알겠느냐.

하지만 이 땅을 떠날 수 없다. 이곳 외에 다른 세계가 있다는 것을 눈치로 알았지만 그곳도 이곳 못지않게 힘들 것이니 이 자리를 굳게 지키는 것밖에 다른 길이 없다.

아니 굳이 다른 선택을 할 이유도 없으니 남을 부러워할 것도 없다. 그래도 눈감으면 딴 세상인데 죽음이 뭐 두려워 큰 소리 치던 대장 따라 나도 한 번 큰 소리 칠 날 있겠지.

너무 비관만 하지 마라. 사바나에 우기가 찾아오면 세상이 바뀐다는 것을 우린 직감으로 알고 있어. 그래서 기린은 목을 더 빼며 그 날을 기다리지. 하늘이 구름으로 화답을 하면 저 멀리서부터 천둥소리가 우리 귀를 찢어놓을 걸세. 기막힌 환영인사지. 그 때 우린 서로를 보며 말하지. 오래 살고 볼 일이야. 이런 때도 있구먼 그려.

오늘은 오늘 감사하고, 내일은 내일 감사하며 모두 건강하게 살자고. 그것이 기쁨인 것을 우린 비로소 배운다.

104. 그것이 우리의 내일이다

해가 저물기 시작하면 마음이 분주해진다.
하루를 정리해야하기 때문이 아니다.
내일을 준비해야하기 때문이다.
하지만 내일은 꼭 밤을 지나고 오는 것이 아니다.
생각하면 지금이라도 바로 시작된다.
그것이 우리의 내일이다.
그 날은 꼭 거룩한 차림을 고집하지 않는다.
장엄한 노래로 시작할 필요도 없다.
어쩌면 갈급하고 곤고한 자의 아침으로 뜰 수 있고
정오의 빛이 되어 하늘 높이 오를 수 있다.
그래도 마음껏 노래하고 싶은 사람들을 위해
자리를 넓게 마련해놓고 사람들을 모은다.
누구나 환영하고 지나친다 해도 서운해 하지 않는다.

하지만 노래하는 자들의 합창은 늘 경이로 가득해서
서로를 향해 눈 크게 뜨고 더 기뻐한다.
그럴 때마다 나는 오늘을 닫는다거나
내일을 연다는 말을 하지 않는다.
우리의 날은 계속되고 또 계속되어야 한다고 생각한다.
우리는 이미 날 셈에 익숙한 사람들이다.

105. 지구야, 너는 나의 분신이다

지구, 너는 우주에서 "푸른 눈을 가진 보석"이다.
태양을 마주하며 눈을 뜨고
달빛에 눈을 감는다.
어떤 이는 지구를 땅 부자라 하지만
땅이야 지구보다 더한 부자는 많지.
그래서 난 지구란 이름이
너에게 어울린다 생각지 않는다.
오히려 사람을 품어주고
산과 강에 그 푸른 마음을 심어
날마다 우리를 기쁨으로 맞는
그 아름다운 마음을 잊지 않는다면
아직 그 어떤 이름도 주지 못한 안타까움뿐이다.

그래도 넌 지구라는 이름을 달고
우주를 뛰며 저 별들 앞에서도 당당하니
그 멋진 모습에 내가 넋을 잃는다.
이 밤도 네가 내어준 한 공간에서 잠을 청하며
너를 생각한다.
지구야, 너는 나의 분신이다.

106. 일이 어찌 그리 되었는고

그래 하룻밤 단숨에 바다를 건너 간
편지가 네 손에 닿지 않았단 말이지.
우체부 아저씨가 마지막 확인을 하지도 않고
그것을 남의 손에 넘겨줄 리는 만무한데
일이 어찌 그리 되었는고.
그 속을 뜯어보면 필시
내 마음을 읽을 수 있을 것인데
네가 보지 못한다 하니 안타깝고
남이 볼까봐 부끄럽다.

정작 우체부 아저씨를 기다리지 못하고
자리를 뜬 네가 잘못인지
내가 잘못인지 헷갈리는 이 시간
나는 잠을 이루지 못하고
행여 네가 편지함을 다시 여는 순간 그것이
불쑥 튀어나오기를 기다리며 숨을 죽인다.
그래야 마음이 편하고 잠을 이룰 수 있을 것 같다.

숨어버린 그 녀석을 어찌 찾아낼꼬.
이 궁리 저 궁리로 밤을 샌다.

과연 내일이나 모레 소식 올까 마음이 분주한데
급기야 한 줄 소식이 갑자기 올라온다.
받았어요.
편지함에서 내내 기다리고 있었데요.
이처럼 빠른 소식이 어디 있담.
막힌 가슴이 뻥 뚫린다.

107. 저러다 쓰러지면 어떡하나

먼데 사는 아들 녀석이 코로나에 걸려 힘들어 할 때
아내는 더 힘들어하며, 울며 기도했다.
불쌍히 여겨 주시고 살려 주세요.
그런데 며느리도 코로나에 걸렸다.
파리에서 온 그것은 바다를 넘어와도 기세가 등등했다.
아내는 매달리며 또 울며 하나님 너무 하세요 외쳤다.
뉴욕이 얼마나 심했는지 상상을 해보라.
그렇게 해서 두 사람은 일차 고비를 넘겼고,
백신도 두 차례 맞으면서 기운도 살아났다.
잠겼던 기업 문도 조금씩 회복되었다.
감사합니다. 하나님.

그런데 이번에는 발리에 있는 둘째 녀석 내외가
코로나에 덥석 목을 물렸다.
아이고, 하나님. 우리가 무엇을 잘못 했나요.
아내의 기도 소리가 높아진다.
용서해주세요. 불쌍히 여겨주세요.
아들 녀석 잘못한 것 있으면 깨닫게 해주세요.
한참이나 눈물 콧물 적시고 마음을 다독인다.
아들 녀석은 지금 매우 힘들다 했고

며느리는 조금씩 나아진다고 했다.
어린 두 아이들이 어찌 되었을까 궁금하다.
천방지축 큰 아이는 얼마나 놀랐을꼬.
둘째는 간이 콩알만 해 졌겠다.

저러다 아내가 쓰러지면 어떡하나.
나는 코로나보다 아내가 걱정이다.
주님, 살려주세요. 불쌍히 여겨주세요.

108. 못 다한 감사의 마음을 담아

밤이 어둠을 안고 내 방을 찾아왔다.
초대장을 보낸 일도 없는데 마구 몰려온다.
늘 그리한 것이니 내비 둬라.
조용히 눈을 감고 나도 어둠 속으로 숨어본다.
어둠은 걸친 옷이 하나도 없는데
온통 검게 하는 비결 하나로 세상을 점령한다.
그래 어둠을 사랑할 순 없지만
나를 조용하게 만드는 그 비장의 무기만큼은
인정해주어야 하지 않겠느냐.

밤이 찾아온 것은 쉬라는 뜻이니
모두 그리 알라 한다.
그런 것이라면 나무랄 일이 아니라
두 손 들어 환영할 일이다.
깃발을 들고 휘저을 것까지는 없지만
기쁨으로 내 몸을 밤 열차에 태워 보낼 것이다.
가다가 쉬고 싶으면
정지 신호를 보내면 될 것이고
내리고 싶으면 커튼을 높이 올리면 될 일이다.
그래, 밤아 고맙다, 잠을 자게 해줘서.

내사 낮의 화려한 포옹에 익숙했지만
이젠 너 밤의 포옹도 마다하지 않을 것이다.
눈을 감고 너의 모습을 읽으며
보이지 않는 색깔이지만
능란하게 너를 아름답게 그려낼 것이다.
못 다한 감사의 마음을 담아
그동안 인지하지 못했던 너에 대한 미안함으로

109. 시를 정의하라면

시는 토해 내는 것이다.
마음의 저 구석에 있는 것까지. 토씨까지.

시는 내 마음을 종이에 콕콕 새기는 것이다.
한 자 한 자도 빼지 않고 죄다. 슬픔까지도.

시는 말을 마구 뱉지 않는 것이다.
할 말도 몇 번 구비 치게 하고, 꺾어 세운다.

시는 울다가도 웃을 것을 생각하는 것이다.
과거에만 살지 않고 미래도 안아야 하기에.

시는 내가 먹은 밥 톨 하나까지 씹는 것이다.
소화해낸 것들이 안에서 익혀질 때까지. 끝까지.

시는 주소도, 머물 곳도 없다.
생각을 따라, 오늘처럼 내일도 간다. 구름이 되어.

그러다 우연히, 아주 우연히
작은 시집 한 구석에 자리 잡고 산다.

110. 비 내리는 오후가 그렇게 가고 있다

비가 내리는 날엔 창밖을 바라보는 것으로
마음을 달랜다.
그 속사정을 안다는 듯 빗물받이가 소란을 떤다.
알았어, 알았어.
먼 산의 나무들이 나를 향해 온몸으로 인사를 한다.
그래, 그래. 잘들 있었어?
집들은 삼각 모자를 푹 눌러 쓰고 길가에 서 있다.
정원의 나무들은 추운 듯 이따금 몸을 추스른다.
젖은 옷은 다음에 말리기로 하지 뭐.
창밖으로 팔을 내밀자 비가 나를 먼저 맞는다.
손 등에 비가 나비처럼 내려앉고
두둑, 두둑, 비는 그렇게 울었다.
반가운 건지 서러운 건지 분간하기 어렵다.
온통 비로 젖은 세상에서
새로운 것이 탄생한다면 기적이다 싶은데
풀과 나무들은 비 없으면 못 산다 외친다.
알았어, 알았어.
비 내리는 오후가 그렇게 가고 있다.

111. 아직도(島)에서

아직도 감사라는 단어에 익숙지 않다면
그저 고개만 끄덕여도 좋습니다.
아직도 사랑이라는 단어가 낯설다면
부드럽게 바라보는 것으로 좋습니다.
아직도 마음을 정하지 못해 왜 그럴까 생각한다면
조금 더 시간을 갖는 것이 좋습니다.
아직도 사람들의 시선이 부담스럽게 느낀다면
모자를 쓰고 걸으셔도 좋습니다.
아직도 세상 일 때문에 안타깝게 여긴다면
세상은 원래 그런 것이라 여기는 것이 좋습니다.
아직도 다 배우지 못해 속상하다면
죽을 때까지 배우는 것이라 생각하면 좋습니다.
아직도 삶이 도대체 무엇인지 모르겠노라 생각된다면
알고 죽은 사람이 몇 안 된다 생각하면 좋습니다.

우리는 모두 "아직도(島)"에 살고 있습니다.
그 섬은 아직도 파도가 칩니다.
그러나 큰 답은 아닐지라도 결코 답이 없는 것은 아닙니다.

112. 오늘도 그 위대함을 바라보며

위대함이란 놀람과 기쁨과 위엄과
작은 가슴을 크게 열어주는 느낌과
자랑스러움과 경건함과
계속 이어지는 감동과 희열이 범벅된
한 순간의 별이다.
그것은 날마다 뜨는 것이 아니라
좀처럼 기대하기 어려운 환경 속에 피어나
내 마음을 움직이게 하는 별이다.
때로는 그 위대함이 추함으로 떨어지는
돌발 상황이 발생하기는 하지만
모두들 그것을 아름답게 지켜주려는 마음이 있어
어지간해서는 포기하지 않는다.
오늘도 그 위대함을 바라보며
또 하나의 별이 곱게 뜨기를 바라고 있다.
내 마음 구석구석에서
저 하늘을 향해 솟구치는 간절함으로
너와 함께.

113. 걱정마라 심판 날이 있으니

세상은 참 요상하다.
참이 버젓이 살아있는데
거짓이 보란 듯 판을 벌린다.
판이 커진다. 요지경이 따로 없다.
참이 걱정을 많이 한다. 숨이 막힌다, 숨 막혀.
그래도 세상은 돌아간다. 그래서 이해할 수 없다.

거짓이 참의 옷을 빼앗아 입고
의젓하게 거리를 나선다.
사람들이 경외의 눈으로 바라본다.
참내, 그래선 안 되지. 안 돼.
참은 그만 지쳐 가는데
아무도 그 외로움을 거들떠보지 않는다.
정말 이래도 되는 건감.

거짓이 둥지를 틀지 않은 곳이 없어
모두 낡고 험해진다.
곰팡이 난 생각들이 바이러스처럼 퍼지고
사람들은 여기저기 쓰러진다.

아, 우리에게 구세주가 필요한데
게 아무도 없소.

걱정마라. 심판 날이 있으니.
하늘의 소리가 위엄을 발한다.
그러면 그렇지.
거짓을 감싼 사단이 놀란 눈치다.
거짓은 그 참에 죽을힘을 다해 참의 목을 누른다.
널 죽일 거야. 죽어라, 죽어.
참의 숨이 막히는 순간 하늘에서 뇌성이 터진다.
천군이 쏜살같이 내려온다.
참 세상이 열린다.

114. 나에겐 가족이 있다

나에겐 가족이 있다.
해와 달은 하늘에 떠 가족을 지키고
땅은 아래에서 기꺼이 자리를 내준다.
나무는 아직도 어려 쑥쑥 자라야 하고
가장 어린 풀들은 꽃을 아기 웃음처럼 내비친다.
새들은 이리저리 날며 재롱을 부리고
벌레들은 새들을 피해 숨어 다닌다.
형제라도 모양이 다르고 성격이 다르듯
나의 가족도 마찬가지다.

해는 달과 친하면서도 가까이하기 싫어하고
달은 파수꾼을 자처하며 밤을 외로이 지킨다.
어쩌다 해 그림자가 달을 가리기도 하지만
그것도 잠시일 뿐 서로는 금방 헤어진다.
땅은 이들을 따로 불러 할 일을 주문하고
나무는 그들의 비밀스런 목소리를 엿듣는다.
동물들도 귀를 쫑긋 세워 먼 데 소리를 읽어내고
새들은 가끔씩 놀라 하늘로 날아오른다.
우리 가족 중에 사람은 뭉쳐서 살기 좋아하고
건물을 짓고 공장을 만들어 뭔가를 생산하지 않으면

불편해한다.
그래도 그들은 해와 달을 그리고
땅과 나무, 풀 한 포기까지 담아 가족을 가족답게 한다.
얘들아, 우리 모두 한 가족이니
오늘은 구름 타고 하늘을 날자꾸나.
우리 나들이를 애써 시샘할 이 없으니
모두 나와 노래 부름이 마땅치 아니한가.
저 별들도 우리 가족이니 이 참에 그곳으로 소풍가자.

115. 언어 사용권

"왜"는 원래 잘 묻지 않는 성격이었다.
그런데 사람들은 그에 관심을 갖게 되면서
자꾸만 "왜 그러느냐", "왜 안 왔어" 묻기 시작했다.
"왜"가 놀라 하늘에 자신의 이름 도용 죄를 물었다.
아직 답을 주지 않는 사이에
사람들은 "왜" 없이 못산다는 듯
"왜"를 자기 이름처럼 사용하고 있다.
그래서 "왜"는 고민이 많다.

"어디"도 마찬가지다.
이 땅에 "어디"처럼 착한 것이 없는데
사람들은 "어디에서 살아요?" "태어난 곳이 어디에요?"
"어디로 갈까요?" "어디" 없으면 못산다.
아직 고소장을 내지 않은 상태인데
"어디"는 그것을 어디에 제출해야 할지 모르기 때문이다.
그래서 사람들은 그 말을 조용조용 사용하기 시작했다.
"어디"가 더 눈치 채지 못하게.
하지만 언제까지 그것이 통할지 모르겠다.

"무엇"이나 "어떻게"도 마찬가지다.

사람들이 전용특허를 받은 것도 아닌데
이것들의 저작권을 인정하지 않고 있다.
언젠가 그들 사이에 전쟁이 나면
인간은 언어 사용권을 잃을지 모르지.
사람들아, 다 그런 형편인 줄 알고
마음 다치지 않게 조심조심 말을 하렴.

116. 주 앞에 더 정결케 되기를 원하오니

주님, 몸만 구푸린 것이 아닙니다.
마음까지 구푸려 당신의 자비를 구합니다.
춥고 병든 이 땅을 불쌍히 여기시고 고쳐주옵소서.

지금까지 우리의 고백은 허울뿐이었고
예배 또한 형식뿐이었으니
무슨 염치로 당신께 구하겠습니까.

그러나 비천한 자의 기도를 들으시는 주님이기에
끝까지 함께 하시고 버리지 아니하시는 당신이기에
감히 엎드립니다. 그리고 구합니다.

이 땅은 당신을 떠난 지 오래고
마음은 썩고 문드러져 내놓을 것이 없습니다.
그럼에도 불구하고 탕자의 심정으로 섰나이다.

우리를 고쳐 주옵소서. 바로 세워주옵소서.
주 앞에 더 정결케 되기를 원하오니
당신의 보혈로 씻어주옵소서. 깨끗케 하옵소서.

이제 부끄러운 당신의 신부에서
자랑스러운 신부로 거듭나기 원하오니
주여 불쌍히 여겨주옵소서. 이 땅을 치유하여 주옵소서.

117. 그럼 어머니가 금방 오실 것 같다

어머니는 자나 깨나 성경을 읽으셨다.
아침 묵상도 말씀으로, 저녁 묵상도 말씀이다.
말씀을 통해 자식들의 행동 하나하나를 눈 여겨 보았고
말씀이 우리를 다스리기 바라셨다.
말씀이 교과서요 지도였다.
어머니와 함께 하는 날은
언제나 함께 성경을 펴는 날이요
함께 읽으며 기도하는 날이다.
"예배드리자."
그것은 삶의 중심을 드리는 시간이었다.

나도 평생 성경을 가까이 했다.
묵상도 하고 연구도 했다.
설교도 하고 가르치기도 했다.
그러나 그 어떤 것도 내 어머니의 성경 사랑을
따라잡을 수 없다.
아니, 주님을 향한 사랑의 무게조차 견줄 수 없다.

하지만 나는 그 어머니의 아들이어서 좋다.
말씀을 사랑한 어머니의 아들이어서 좋다.

지금 하늘나라에서도 성경 읽으실 어머니를 생각하며
성경을 편다. 그리고 말한다.
"어머니, 같이 예배 드려요."
그럼 어머니가 금방 오실 것 같다.

118. 산비탈이 요란하다, 들리는가

소설 속의 적은 활에 방패에 병마에
각종 무기를 장착하고 나타나
순식간에 몰살시키는 비법을 마다하지 않는데
요즘 적은 내가 무슨 무기를 개발했느니
무슨 훈련을 했느니 하며 선전부터 한다.
그러니 알아서 기라는 말인데
세상에 호락한 맞수가 있기는 한 것이냐.
선전 한 방에 날아갈 것 요량이라면 옛날이 더했지.
대포 한 알 가지고 세상이 놀랄 것이라 했고
화살 하나가 여러 가슴을 뚫을 것이라 했다.

그런데 보이는 적보다 보이지 않는 적이
무섭다는 것을 혹시 아는가.
보인다면 나도 대처할 수 있지만
보이지 않으니 잠도 제대로 잘 수 없다.
적이 언제 올지 모르니 순간순간 가슴이 옥죄인다.

그런데 요즘 적들은 내 안으로 몰래 들어와
세포를 세뇌하고 유화시켜
조금도 움직이지 못하게 하니

전투명령을 내린 들 어찌 싸울 수 있을까.
밖의 적이 무서운 것이 아니라
내 안에 든 적, 그로 인해 이미 쓰러진,
두 손 번쩍 들고 항복해버린 유약한 놈들 때문에
두렵고 떨린다.

몸은 이미 몸이 아니다.
바이러스로 망가지고 있다.
나라도 더 이상 나라가 아니다.
외전이 아니라 내전으로 붕괴되고 있다.
장마가 온다. 무너짐이 심하리라.
산비탈이 요란하다. 들리는가.

119. 그래도 황혼의 아름다움에 비할 수 있을까

백일이 된 아기의 옹알이 동영상이 떴다
요즘 갑자기 뜨거워졌다는 땅에서 왔다.
그 모습을 보노라면
아이고, 너 참 예쁘다 절로 소리가 난다.
대꾸하는 아기 엄마의 목소리에 사랑이 넘친다.
아이가 천사임에 틀림없다.

첫돌을 맞은 또 다른 아기는 바다 건너왔다.
코로나바이러스로 초토화된 곳에서 왔다.
그곳에서 숨어살다 잠잠한 틈을 타 이곳에 왔다.
얼마나 고생이 심했겠냐.
그런데 이곳도 안전하지 않다.
사회적 거리두기로 돌잔치마저 마음껏 열지 못한다.
줌으로 만나기로 했다. 이건 무슨 일이람.
얼굴이라도 보고 싶어 먼저 사진 보내라 했다.
할머니 옆에 앉은 아기가 자꾸만 나를 응시한다.
예쁘다.

어찌 아기들만 칭찬 받을 수 있겠느냐.
나이가 많으면 많은 대로, 적으면 적은 대로

모두 칭찬받을 일이 한두 가지 아니다.
젊은 것도 아름답고 건강한 것도 아름답지만
마음 씀씀이가 고우면 더 아름답지 않겠느냐.
모두 그렇게 살아라. 예쁘게.

그래도 황혼의 아름다움에 비할 수 있을까.
서산으로 지는 해는 너무 붉어 장미 같고
수평선으로 지는 해는 구름에 걸려 빛을 발한다.
마지막 빛이 사랑을 토해내니 보는 이의 마음이 흔들린다.
이 나이에 누구의 입에서 감탄사를 발견할 수 있다면
그만큼 행복하다 하지 않겠느냐.

120. 네 속의 것부터 청소하는 것이 어떠하냐

사람들은 청소하기를 좋아한다.
구석에 박힌 먼지들이 두 손을 들고 항복을 한다.
인생의 파편처럼 깨지고 금이 간 조각들도 보인다.
그것들은 콕콕 집혀 숨을 곳이 없다.
수명을 다한 종이들은 이미 헤진 옷처럼 기운을 잃었고
이미 찢길 대로 찢긴 메모들은 팽 당한 기분이 연연하다.
사람들아, 그러면 못쓰지. 경건하게 장사지낼 순 없나.
그런 하소연도 소용없다.
모두 쓰레기 취급받고 다음 행차를 기다린다.
청소를 마친 방은 그 깨끗함을 자랑하며
새 신부처럼 빙그레 웃는다.
그것도 잠시지.

내일, 아니 적어도 모레면 또 청소가 시작될 것이다.
이번에는 또 무슨 불평들이 쏟아질까.
청소를 한다는 단 한 가지 이유로
그 불평을 깡그리 무시하는 당돌함이 무섭다.
차라리, 차라리
네 속의 것부터 청소하는 것이 어떠하냐.

121. 네 삶이 천상의 무지개로 뜰 수 있다면

산다는 것은 삶을 살아내는 것이다.
쥐꼬리만 한 월급으로도 살림을 탁탁하게
잘 꾸려가는 것도 사는 것이고
궁색해도 사랑 한 번 찰 지게 하는 것도 사는 것이고
사람이야 많지만 사람답게 살려는 것도 사는 것이다.
세상에 사는 것만큼 중요한 것이 어디 있을까.
사람들은 오늘도 자기의 생명을 걸고 살 사람을 찾고,
그와 더불어 야무지게 살까 궁리한다.
물론 이렇게 살아도 한 세상이고
저렇게 살아도 한 세상임에 틀림없지만
의미 없다 한다면 누가 그 삶을 값 주고 사려 할까
어렵더라도 끝까지 버티어내고
그로 인해 한 그루 나무에서 싹이 튼다면
삶은 푸르고 아름답다 하겠지.
네 삶이 천상의 무지개로 뜰 수 있다면
무엇을 더 바라겠는가.
여기저기서 놀라운 화음으로 너를 맞고
함께 노래할 날이 오리라.
그 때 나는 너를 다시 볼 것이다.

122. 돌아서려니 큰 음성이 들린다

열려있어요.
그 순간 하늘은 가장 크게 입을 벌리고
놀란 가슴을 구름으로 씻어낸다.
천둥은 소리로 제압을 하려들고
그 사이로 비가 화살처럼 쏟아진다.
전쟁이 시작된 거예요. 하늘 전쟁이.
세상은 그 싸움을 말릴 수 없어
동굴로 숨어든다. 본능적으로.

시간이 가면 하늘은 언제 그랬냐는 듯
파란 옷을 입고 태연한 체 하겠지.
그러나 망신창이가 된 땅은 늘 폐허로 남는다.
산은 깎이고 무너지고 생체기가 보통 아니다.
나무들은 시체처럼 나뒹굴고
당장의 피해 조사는커녕 보상금도 받지 못한다.
하늘은 보기보다 거만하다.
오늘은 그 하늘을 만나 담판할 생각이다.
싸움을 한 곳은 그쪽인데
피해는 마냥 우리가 당해야 하나.
그런데 하늘은 마냥 피하기만 한다.

그래 올라와봐. 네가 나를 알기나 하니.
어데서 만날 건데.
그 따위 청구서 백장 가져와보라.
와, 그 녀석 바늘귀도 들어가지 않겠다.

돌아서려니 큰 음성이 들린다.
하늘이 한 쪽으로 밀리며 쩔쩔매고 있다.
너 혼나야 돼. 잘못했으면 인정할 줄 알아야지.
위로를 못할망정 거만하면 쓰겠냐.
바로 잡는 이 있어 좋다.
오늘은 그만 됐다. 시원하다.

123. 답답한 자를 위한 서시

답답함이 극도로 가면 병이다.
그것은 하나만 고통을 받게 하는 것이 아니라
주변을 모두 오염시켜 시궁창으로 빠뜨린다.
잠자던 냄새가 세상을 만났다.
그러게 내가 뭐랬나.
답답할수록 참으라 했지.
그것이 안 되면 까짓것 그것 아니어도 산다 생각해라.
설마 고것에 목숨 거는 것은 아니겠지.

넌 당해보지 않아서 그래.
물론 그럴 수도 있지.
하지만 앞뒤가 꽉 막혔는데 어떡하라고.
그 땐 차에서 내려 숨도 돌리고
오늘만 날이 아니라 내일도 있다 생각해라.
그러다 보면 어느 순간 길은 뚫리고
푸른 신호등이 보이지 않겠느냐.

적어도 때가 익으면 깃발을 올려 신호를 준다 했으니
참을만한 이유도 충분하지 않느냐.
그 사이를 못 견뎌 성가시게 하면

화가 나서 줄 것도 안 주겠다.
다시는 널 안보겠다 하면 어쩌려고.
더 이상 미움 사지 말고 웃고 살자.
부탁이다.

124. 이번엔 그리움이 이겼다

오랫동안 소식조차 주지 않던 늘보가 손짓을 한다.
놀래라. 무슨 일이 난 게 틀림없어.
멈칫하다 더듬거리는 그의 말을 놓쳐버렸다.
숨을 고른 다음 손을 잡으니 놓지 않으려 한다.
그리운 탓이다.
아이고, 놀래라. 난 무슨 일이 난지 알았지.

그래 그 동네 사정 어떠한가.
글쎄 말이요. 늘보가 꿀꺽 침을 삼킨다.
친구들이 하나 둘 강 건너 깊은 숲으로 들어갔어요.
다신 보지 못할 것인데.
몇몇 남은 친구들은 생각이 늘 옛날에 머물러 있지요.
그래서 더 외로워하지요.
그리움이 병이 됩니다.

형님, 다시 날을 잡아놓을게요.
알겠네. 하지만 날 선 강바람이 괜찮을까.
그런 말씀 마세요. 꼭 봬요.
이번엔 그리움이 이겼다.

125. 한 발 더 다가섬으로 친구가 되었으니

핏빛보다 진한 꽃들이 무리지어 인사를 한다.
그 언어를 배운 바 없고 알려하지도 않았지만
느낌으로 가슴에 담는다.
그것은 바람으로, 향기로 오기도 하고
싱그러운 웃음으로 오기도 하고
가슴을 휘젓는 가락으로 오기도 한다.

이미 마음을 빼앗긴 사람들은 어찌 할 줄 모르고
벌과 나비가 되어 이 꽃 저 꽃에 기대를 건다.
꽃을 좋아하지 않는다면 어찌 산다 할까.
꽃은 유혹이고, 향기도 유혹이다.

더러는 가까이 다가가
보이지 않는 아픔을 읽기도 하고
멀리 서서 선함을 느끼기도 한다.
그런다 한들 어찌 우리가 너를 다 이해할 수 있을까.
오늘 네 곁에 한 발 더 다가섬으로 친구가 되었으니
이것으로 찰지다 하지 않겠느냐.

126. 허탈을 기쁨으로 가득 채우는 날

소원하던 것을 움켜쥔 순간
그것은 소리도 없이 하늘로 사라졌다.
허탈은 더욱 빈 가슴이 되었다.
아, 모두 잠시였구나.
그러나 돌고 돌아 결국 내 안에 둥지 텄음을 안 것은
여러 해 지나서였다.
세월은 발이 달린 듯 빨리 도망하고
이웃은 제 살길 찾기에 바쁜 터라
아무도 신경 쓸 겨를이 없었다.
그 사이 몰래 들어온 것이다.
이미 빈 터였으니 아무러면 어떠냐 싶지만
그래 미안하다는 한 마디였으면 더 좋았을 것을,
아니 왔다는 말 한 마디 했으면 좋았을 것을
지금도 눈만 끔벅거릴 뿐이니
내사 너를 이해하지 못하겠다.
하지만 너를 찾았으니 잠 못 이룰 일 없고
네 손 잡을 수 있으니 춤을 춰도 되겠다.
허탈을 기쁨으로 가득 채우는 날
우리 모두 거나하게 축제를 벌일 것이다.
돌아온 너를 위해

127. 우리가 언제 포기한 적 있는가

변이바이러스 델타가 여기저기에 기를 꽂고 있다.
허락도 않았는데 기세가 등등하다.
다른 변이도 기를 준비하고 있다.
우리가 언제 바이러스에 성을 내주었단 말인가.
뉴스는 만남을 허락하지 않는 것으로 시작하고
할 일 없이 돌아다니면 벌금을 물리는 나라도 있다.
인도가 무너지는가 싶더니 동남아가 야단이다.
페루에선 다른 변이가 일어나고 있고
가을은 또 다른 전쟁을 예고하고 있다.
한 가지도 성한 곳이 없는 지구다.
무엇으로 이 땅을 치유할거나.
백신조차 명약이기를 포기하면 어떡할까.
염려가 구름처럼 몰려온다.
그러나 우리가 언제 포기한 적 있는가.
억울함을 풀어주고 사랑을 더하며
날로 깊어지는 간구의 목소리와
하늘의 자비가 살아있는 한
우리는 날개를 펴고 이 죽음의 계곡에서 벗어나리라.

128. 밥맛이 아니라 살맛이네

생각에도 끈이 있다면 주렁주렁 매달아 놓고
저녁이 노을로 밥을 지을 즈음
하나씩 만나 얘기를 나누면 어떨까.
세상얘기가 아닌 그들만의 얘기도 좋고
내가 도저히 이해할 수 없는 언어도 좋고
어찌되었던 너와 함께 있다는 기쁨으로 미소 지으며
솔솔 익어가는 밥처럼 우리의 정도 익어가지 않겠는가.
생각이 다르다 해서 전혀 기분 상할 것 없고
오히려 다름을 귀히 여기며 존중할 줄 안다면
세상은 우리를 달리 보겠지. 아무렴, 그렇고말고.
밥도 뜸이 들어야 단맛이 든다던데
시간을 두고 참을성 있게 너를 기다리노라면
생각은 노랗게 익은 밥이 되어있겠지.
우린 그 밥을 함께 먹으며 웃는 거야.
그리곤 말하겠지. 밥맛이 아니라 살맛이네. 살맛.

129. 그 나라, 오늘도 시가 펄럭이는 당신의 나라다

내가 그 나라에 산지 꽤 오래 되었는데
정작 아는 사람은 많지 않다.
그래도 사는 것이 어색하지 않다.
모두 따뜻한 시선을 가지고 있기 때문이다.
그렇지. 마음이 중요하지.
그 나라엔 시민권이 필요 없다.
정부도 없다. 그래서 관리할 필요도 없다.
하지만 사람들은 다들 시민이라 생각한다.
그렇지. 형식이 중요한 것은 아니지.
그 나라에는 국기가 없다. 애국가도 없다.
없는 것이 너무 많아 그게 나라냐고 할 정도다.
그러나 다 한 번도 불평하는 말을 들어본 적이 없다.
그렇구나. 그럴 수 있구나.
그런 나라가 도대체 어디에 있느냐 묻지도 않는다.
그것이 영토였다면 몇 번이나 전쟁이 났겠지.
그것은 네 마음에 있고, 우리 가운데 있으니
빼앗을 일도, 빼앗길 일도 없다.
그 나라, 오늘도 시가 펄럭이는 당신의 나라다.